# 「深読み」読書術

Haruhiko Shiratori
白取春彦

三笠書房

読書とは、過去でもっとも教養のあった人々との会話である。

——デカルト

# はじめに　読書は、「人生を知的に楽しみつくす」知恵である

人が本を開いて読むのは、知識を得ようとするからだけなのだろうか。もし知識を得たいという意欲があったとしても、人がその一冊の本をめくる動機はやはり「おもしろさ」ではないか。

その「おもしろさ」にもいろいろ幅と奥行きがあるだろうが、とりあえず各人にとってのおもしろさとして大きく一括《ひとくく》りにできるのではないか。少なくとも一冊の本が「なんとなくおもしろそう」でなければ、ページをめくらないだろう。

まずは人を読書へと動かすこのおもしろさということに比べれば、本の内容から得られる知識などは実は二の次ではないだろうか。純粋に知識を得るだけの目的で、自分から進んで本を読んだりすることはそうそうないだろう。

## 読書が生み出すこの「脳の興奮」

だとしたら、本を読むときに感じるおもしろさとは何のことだろうか。

もちろん、そのおもしろさは人によってちがう。発見するおもしろさ、気づきを得るおもしろさ、推理のおもしろさ、未知の国を旅するようなおもしろさ、豊かな気分になれるおもしろさ、知的好奇心が満たされるおもしろさ、等々。

それらをひとまとめにすると、結局のところ読書のおもしろさの正体とは〝自分の脳を動かす〟ということではないのか。

〝脳を動かすおもしろさ〟という意味では、ゲームも同じだ。ルールを知っていても、考えずにチェスの駒を動かすならば少しもおもしろみを感じないだろう。

本を読んでも字を追うだけの〝浅い〟やり方ならばインクの染みを見るのと同じで、おもしろさは生まれてこない。〝深く〟読みながら頭を働かせてはじめて、おもしろいと感じられるようになる。

要するに、人間もまた生物である限り、全般的に自分の身体の機能を使うことに本来的な快感を覚えるのだろう。

身体機能を使うのが快感だということは、スポーツの快感や子供たちの活発な遊び方を今さら思い出すまでもなく、日々のわたしたちが存分に経験していることだ。

だから、身体の機能のほんの一部分だけでも十全に動かなくなると、わたしたちはそれをあってはならないこととして治療したり補完したりするのだ。眼鏡をかけたり、人工の歯を入れたり、松葉杖を使ったり、胃に穴を開けて栄養を送りこんだり。

読書や教育が個人を変える効果をもつのは、たんに影響ということばかりではなく、その人の脳を本来的に稼働させるからではないだろうか。

であるならば、本を読むことは人間の身体として本来的になるための方途であろう。本を読むということは、人の身体が欲求する自然の一つではないのか。

## 自分をもっと高める「本の読み方」

では、本はいったい何をわたしたちに与えてくれるのか。本を深く読むことによって、知性や把握の力がどのようについてくるのか。あるいはまた、自分の成長をうながすような本の読み方とはどういうものなのか。それらを本書で説明したいと思う。
それを、読書の流れに沿った形で簡単にまとめておくならば、

①言葉や表現を知り、主張や主旨を正しくとらえる
↓通読することを通して、忍耐、根気、貫徹性が育《はぐく》まれる。
②知識を吸収する
↓展開をとらえて図式化できるようになり、結果的に偏見から解放される。
③行間を読む
↓洞察力が高まり、さまざまなものに新しい意味を見出すことができる。
④再読により、新しくとらえなおす
↓いまの自分を的確に把握し、人生をより発展的にとらえることができる。

ということになろう。

そういった「読書の効用」を十分に享受するためには、それだけの価値のある役立つ本を選ぶこと、そしてそれらの本に書いてある内容を理解し、知識として身につけることが不可欠である。そのための実践的なアドバイスから、巷《ちまた》でいわれる「速読」

までを、本書では取り上げる。

本書で紹介する読み方のいくつかでも実践していただければ、二十冊も読まないうちに、それ以前の自分とはちがってきたということを実感するだろう。

実際にどうなるかというと、まずは心の安定が以前より多く保たれるようになる。そして、物事を客観的に見ることができるようになる。なぜ、そのような変化が自分の身に起きるのかについては本文にくわしく記してある。

もちろん、今までになかった知識が増えていくのはまっさきに実感できることだ。すると、その知識によって物事の別の側面がゆっくりと、そしてはっきりと見えてくるようになる。これは明らかに、自分の人生の可能性を広げていくことにつながるだろう。というのも、他人に見えていないものを見ることができることこそ個性であり、価値だからだ。

そして本書で説明する〝深い〟読み取りの力を自分のものにしたとき、今まで目の前にあって気づかなかったものが宝の山に見えてくるにちがいない。そのとき、自分が豊かであること、この人生が豊かで輝かしいものであることにようやく気づくであろう。

白取春彦

## もくじ

## 第2章

「自分の頭で考える」ために——

# 人間的魅力が増し、人生が豊かになる読書

## 第3章

## 毒にも薬にもならない本は読むな！
# 自分を成長させてくれる本は、こうやって選ぶ

第4章

あなたの読み方は間違っていないか？

# 人生の充実度がガラリと変わる「本の読み方」

第5章

# 使える知識はこうして身につける！深く・大量に・速く読むための読書案内

## 速読へ至る道　209



## おわりに　読書法が変われば、人生が変わる　220

コラム



本文イラストレーション・越井 隆（visiontrack）

第1章

仕事も生き方も圧倒的に変わる！

# 本を読む人、読まない人の決定的な差

# 「頭がよくなる」だけではない、読書の凄《すご》い力とは？

## 「本物の知識」を身につける方法

本を読んで知識を吸収することはあたりまえのことだと思われている。では、次のような記述は、はたして〝知識〟と呼ばれるものなのだろうか。

イギリス・フランスはソ連とも軍事同盟の交渉にはいったが、西欧諸国の態度に不信をいだいていたソ連はナチス＝ドイツとの提携に転じ、１９３９年８月末、独ソ不可侵条約を結んで世界をおどろかせた。これに力をえて、ナチス＝ドイツは９月１日、準備していたポーランド侵攻を開始した。イギリス・フランスはドイツに宣戦し、第二次世界大戦がはじまった。

文部科学省検定済教科書『詳説世界史B』

とても広い意味では、これもまた知識の一つであろう。

では、事件や事項とその年号や関連人物といった点を知っていれば、「第二次世界大戦の勃発《ぼっぱつ》について知っている」と言っていいのだろうか。

ふだんの生活において、たとえば「Nさんを知っている」という場合はどこまでを意味しているだろうか。名前と顔がわかる程度でもいいのだろうか。あるいは、仕事や私的な交際を通じてその〝人となり〟を知っていることまで指すのだろうか。

多くの人が知っているように、ペーパーテストの結果を成績とする学校教育では、事項と人物と年号を押さえておけば及第点がとれるようになっている。この方式の特徴は採点者の労をできるだけ少なくするという点だ。生徒に知識が身についたかどうかを正確に測定することが第一義になっていない。

ところが、ペーパーテストで及第点をとれば教師たちは生徒に知識がついたとみなし、生徒自身も自分は多くの知識を身につけたと思いこんでしまいがちだ。

知識についてのこういう誤解は、たんなる知り合いを友人とみなしたり、もらった名刺の多さに満足して「自分には人脈がある」と思いこむのと似たような愚かさから生まれてくるものだろう。

一方、書物を読んで得られる知識とは、そういうたぐいのものではない。学校のペーパーテストに受かるのに必要最低限な知識が平面的だとすれば、書物から得られる知識は立体的、あるいは生物的だとたとえていいだろう。

というのも、一つの知識が〝形の定まった単体〟としてそこに浮いているのではなく、その知識を成り立たせているための諸々のいきさつや連関ごと存在感のある塊としてそこにあり、それをじっくり眺める、つまり読むことで丸ごと理解できるからである。

このようにして得られた知識は、事項や年号の丸暗記で得た知識とはまったく質がちがうので、ほぼ忘れることがない。暗記という意志的な努力をすることなく、容易に忘れがたいものになる。

なぜならば、興味のない事柄の記憶ではなく、わたしたちの経験の一つとなるからだ。読書は、他の経験と同じく、人生の中にある個人的な経験なのである。

個人的な経験だからこそなかなか忘れがたいものになるし、個人的な経験だからこそ同一の本であってもなお、人それぞれに印象や理解が異なってくるのだ。

知識を得るだけのために本を読まざるをえないということは誰にもあることだろう。だからといって、得たい知識について書かれている箇所のみを飛び地のようにしてジャンプ読みをするならば、その知識を自分のものにするためにはかえってよけいな時間がかかってしまうはずだ。

なぜならば、どんな知識であっても有機体のように他のさまざまな知識や事象と密接につながっているからだ。樹木は幹ばかりではなく、枝も葉も根もあって成立しているのと同じように。したがって、書物の全体を読んで全体的なつながりとともに理解したほうが、すんなりとその知識が得られることになる。

知識となる事項だけをその場で手に入れたいというなら、用語事典類を開けばいい。

ただし、それを読んでもいつまでもよそよそしくぼんやりとした感じが残る。それらの知識がどう使われているかということを〝経験〟できないからだ。

要は、用語事典類などは確認のために用いる補助の本なのだ。もちろん、外国語辞典、百科事典のたぐいもすべてそうだ。

ただし、それらの事典類も、どの項目についても内容が正確だという保証はない。というのも、事典類の記載内容はその時代や文化によっていくらでも変わるからだ。その変わり方の突然さと激しさは、ミシェル・フーコーの本を読むとよくわかる。

## 読書とは、自分を自由にするための闘いである

ところで、本を読んで得た知識がいつも必ず正しく事実に即しているというわけではない。大きく間違っていることもあるし、偏向している場合もあるし、すでに古くて信用度の低い知識であることもある。それらの判断はあとから読む本によって、あるいは自分の経験によって変わってくるのがふつうのことだ。

また、本に書かれていることについて正反対の解釈があるのも通常のことだ。たと

えば、ソクラテスの哲学をけなす後代の哲学者、たとえばニーチェのような人も少なくない。フロイトの心理学や精神分析を科学だともち上げて商売にする医学者もいるし、いいかげんなものにすぎないと著書で批判するヴィトゲンシュタインのような哲学者もいる。

どちらが正しいかという判定や評価が、後世のわたしたちにまかされているわけではない。わたしたちもまた現在に生きている以上は、完全に中立ではないからだ。

だから、本から得た知識は「その本からの知識」として考え、絶対視してはならないのは当然のことだ。もし絶対視するならば、それは世に美容室の数より多くはびこるカルト宗教の、信者と同じ態度になってしまう。

本に書かれてあることが、いかに正当性があるかのように思えても、やはりそれは一種の仮説なのだ。仮説でないならば、虚偽か真理だ。真理ならば、わたしたちはもはや信じるだけでよく、何も考える必要がなくなる。

しかし、本を読むときにもふだんのわたしたちの悪い癖が出ることがある。それは、多くの事柄に対して「そういうものだと思う」という曖昧《あいまい》さで物事の是非を判断してしまうことだ。この「そういうものだと思う」ということに確実な根拠などない。だいたいが現今の世間を基準にしている安易な判断だ。

こういう態度は往々にして新しい知識の吸収をさまたげている。というのも、今の世間にたかだか十年とか二十数年ほどはびこっている価値観に縛られ、そこから大きく離れた知識や考え方、いわば新しい見解を頭ごなしに否定したがる傾向があるからだ。

しかし、広範囲にわたるたくさんの読書を続けてさえいれば、こういう態度からは自然に脱していけるようになるし、それにつれて世間の価値観にとらわれない相対的なものの見方ができるようになっていく。

それは、自分が属している世間的環境が生んだ数多くの偏見、そして世間のその常識的価値観からの静かな解放と離脱だ。いわゆる、この世間に生きていながら世間からこっそりと「浮く」ことになる。

この場合の「浮く」とは、周囲の人々から敬遠されたり、疎外されたりするということではない。また、世間から超絶した地点に立つという意味でもない。

「偏見」や「常識」から自由になろう

ヘリコプターが浮くように浮くということだ。要するに、高みから物事を見渡せるのだ。そのとき、世間に埋没していては見えないものが見えるのだ。

ヘリコプターからリアルな地図がくっきりと眺め下ろせるように、今まで見えていなかった関係性の形やつながり方が眼下にあっさりと把握できるようになるのだ。

世に言うところの「大局観」もまた、このような見方のことだ。これがいったんできるようになると、もはや細々《こまごま》とした雑事に引きまわされなくなる。何をどう処理すればいいのか、どこに軽重があるのか、くっきりと見えてくる。その目をもった自分はもはや、今までの自分ではなくなっている。

そもそも、書物とは人をそういうふうに内面から変身させる力をもっているものだ。なぜならば、本に書かれていることは、あたりまえではないこと、世間で考えられているのとはちがうこと、通常とはまったく異なる観点から見られた考え方だからだ。

その意味で、本を読むとは非体制的な、場合によっては反体制的な考え方や視点を知ることであろう。

しかしそれは、わたしたちを現在の体制内にある汲々《きゅうきゅう》とした偏見に満ちた生活から救って、新しい次元において豊かにすることでもあるのだ。

## 読書の「誤用」――なぜあの時、エリートがダマされたのか

一方、「求める読書」をするならば、新しい自分に変わっていく可能性は少なくなるだろう。求める読書とは、何かを書物の中の他人や権威に求める態度で本を読むことだ。

その求めることとは、だいたい次のようなものだ。癒《いや》しや慰《なぐさ》め、ノウハウや方法論、耽溺《たんでき》や自己放棄、正解やベストアンサー、真理や教え。

書物に癒しや慰めを求め、それが得られるのなら、人や自然は必要がなくなる。もちろん、癒しや慰めを求めるのが悪いというのではない。ただ、その態度は往々にして嵩《こう》じやすく、嵩じれば耽溺になるものだ。耽溺は中毒症であり、現実からの逃避でしかないだろう。

ノウハウや方法論は技術的な問題について一時的にのみ有効であるにすぎない。それを生き方や生活方法にまで求めるならば、結果的に誰かからコントロールされなが

ら生きることになる。

そういうふうに他律的に生きることが安楽だと思う人も少なくはない。エーリッヒ・フロムの名著『自由からの逃走』はそういう人々の心理について書かれたものだ。

書物に真理や究極の教えなどを求めるのは、一種のバーチャルな宝探しの旅に出るようなものだ。探しあてたと思っても、そこにあるのは一つの仮説にすぎない。実態は集金システムである新興宗教や奇説にはまる人はこのことに気づいていない。

あのオウム真理教に惑溺した人たちはその典型だ。

彼らが詐欺師《さぎし》の奇説に気づけなかったのは、本来の仏教の書物を開かなかったからだ。ブッダの言説を韻文で記録したものを読めば、詐欺師が唱える説と大きくへだたっていることがすぐにわかっただろう。彼らはものぐさだったのだ。

そして彼らは自分自身の生き方を求道的《ぐどうてき》だと思っていただろうが、実際には依拠できるもの、あるいは正解だとされるものを求めただけだ。その姿勢は、幹部信者たちが高学歴だったこととつながる。

「たった一つの正解が隠されていてそれをあてる」という学校試験のシステムで勝つ

ことが得意だった彼らは、他の事柄についても同じように正解が隠されているという考え方をするようになっていたのだ。

そういう彼らにとって、「正解＝真理」を隠しもっていると匂《にお》わす正体不明の人物は、ことさらに神秘的で魅力的に映ったのである。


こういうふうに自分の外にあるものや書物などに何かを求める人に共通している態度がある。それは、自分はいつまでも旧来の自分のままでいて、つまりそこにどっかと座った状態で何か魅力的に見えるものを手中にしたがるということだ。通販番組やカタログ、インターネット通販で買い物をする人と同じだ。彼らは求めながらも、自分からはいっかな動かない。

だから、そういうふうな姿勢で求める人たちは、本を読んでも自分を変えることができないのだ。

では、どういう態度ならば、書物を読むことで自己を変えることができるのか。自分から関わる態度で本を読むことだ。それは読み取りをするということなのだが、その読み取りの方法については第4章で述べる。

# 「なぜ本だけが、本物の思考力をもたらすか」

## あなたは「読書のいちばんの目的」を勘違いしている⁉

さて、読書によって得られる知識とならんで、わたしたちは書物から考え方をも学びとることができる。しかも、こちらのほうが、知識よりもしばしば重要である。

さらには、その考え方をどういうふうに語っているか、どういうふうに読者を納得させているかという技術の実際例をも学ぶことができる。

言い換えれば、論が展開していく大きな流れというものをその本から抽出できるということだ。もちろん、それは図形を使ったイメージでも表わすことができる。

たとえば、19世紀のドイツに生きた哲学者ショウペンハウアーの『意志と表象とし

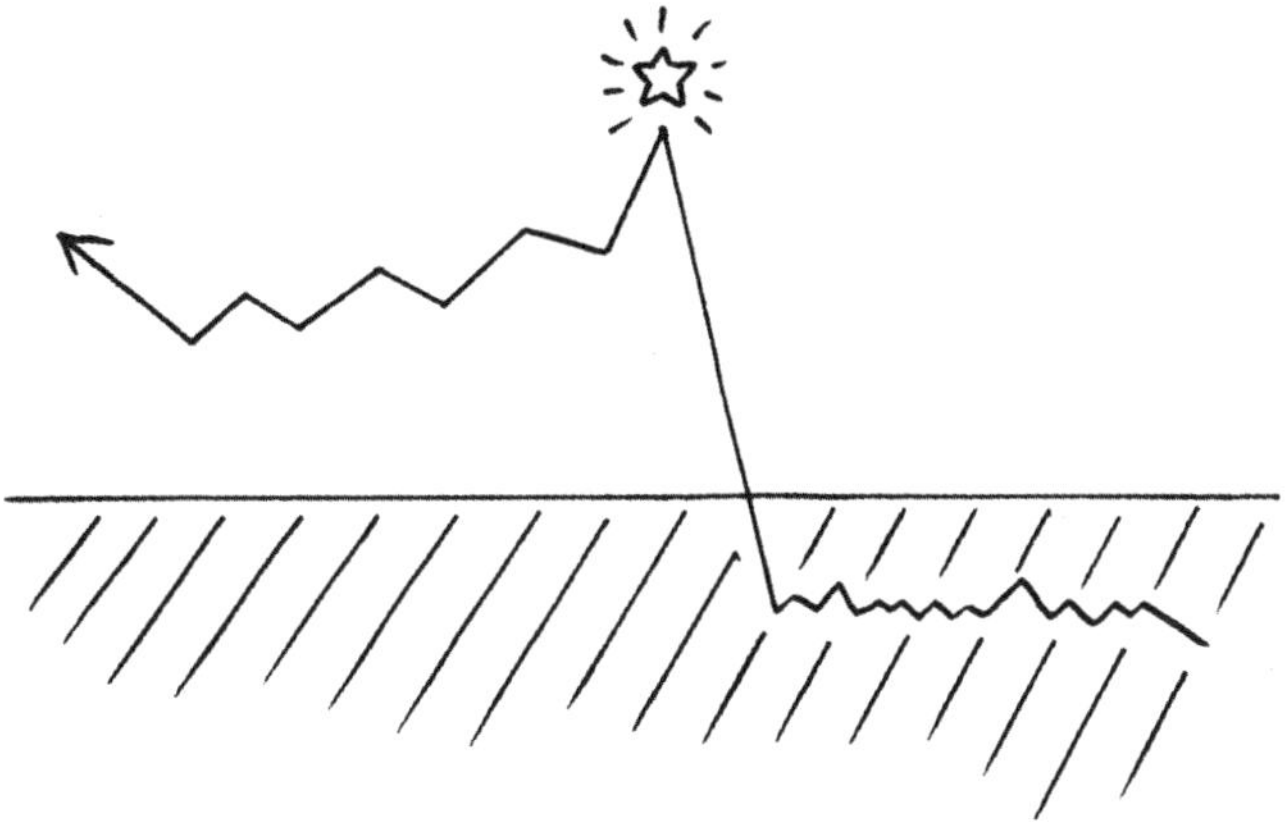

図① ショウペンハウアー『意志と表象としての世界』イメージ

ての世界』の論のイメージをわたしがあえて描くとすれば、図①のようなものだ。

この本は最初に長い助走があり、そこでは生きることの苦しさが、これでもかとばかりに重苦しく語られる。そこばかり読んで途中で投げ出してしまうと、「ショウペンハウアーは厭世的《えんせいてき》だ」とか、「自殺を勧めている」というおかしな感想が生まれてくる。

しかし、そういう感想は誤解だ。論展開のイメージ図に示したように、途中から突如として飛躍する。そして、苦しさが緩和される理由と具体的方法が紹介され、その次にはこの苦しみから救済される道が示さ

図② ルネ・デカルト『方法序説』イメージ

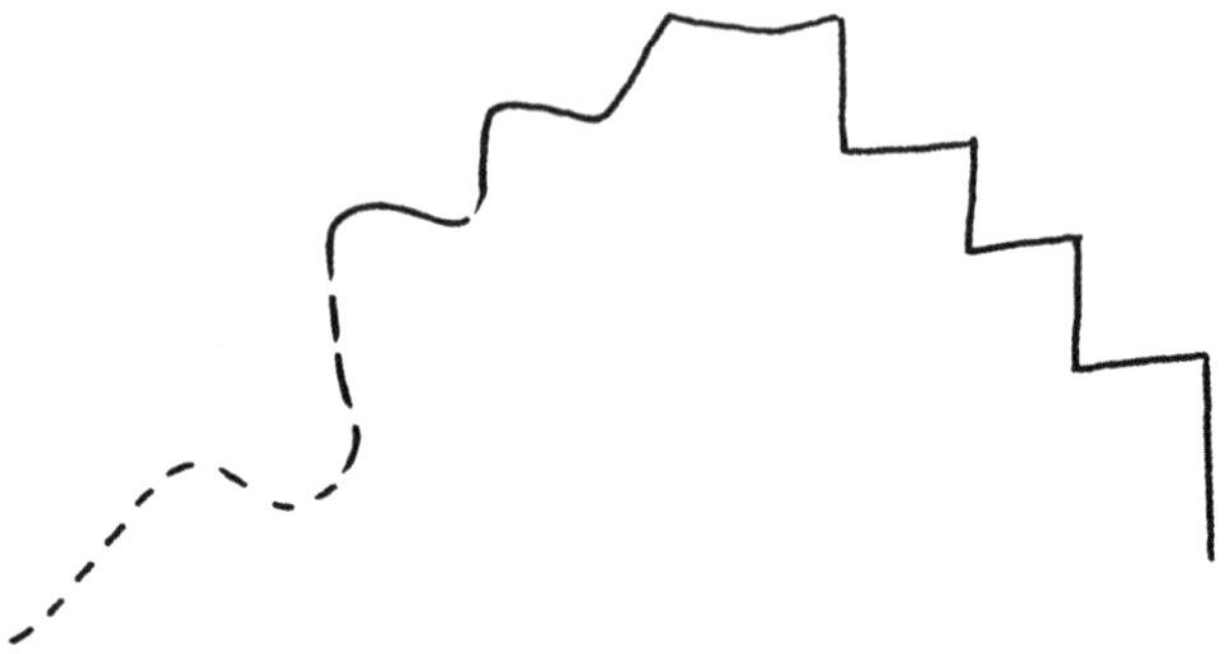

れる。

図②はフランスの哲学者ルネ・デカルトの『方法序説』の図形イメージだ。デカルトはまず、誰にも共通する体験から不確実なものを切っていく。明晰《めいせき》なものを求めるその高揚感を、昇っていく線として表わしてみた。

そして、途中から線がぐにゃぐにゃで破れがちになるのは、精神と肉体を結ぶ箇所が脳の中にあるという不思議な論が出てきて、それ以降は論理的ではなくなってしまうからだ。

古代ギリシャの哲学者、ソクラテスが友

図③ プラトン『リュシス』イメージ

情の概念について議論している『リュシス』のイメージは図③のように、球《たま》があちらこちらにぶつかってえんえんと転がりゆくピンボールのような感じになる。そういうイメージになるのは、肝心の友情についての結論が最後まで出されずじまいの本だからだ。

これらイメージ図は一つの例であって、もちろん読者それぞれによって同じ本でも別なふうに描かれることもあるだろう。

また、人によっては楽譜にしたほうがわかりやすかったり、あるいは色彩のグラデーションでも描くこともできるだろう。

いずれにしても、一冊の本の内容をイ

メージ化できれば、それは自分なりに論の形を具体的に把握しているということなのだ。

それは理解したからこそできることであり、イメージ図とともにいつまでも本の内容が記憶に残ることをも意味している。

人の記憶や理解は、物理的な形で表わされる。純粋に抽象的な記憶や理解はありえない。それは、わたしたちの言語表現の比喩《ひゆ》が必ず物理的なものの形や動きに依存していることと同じだ。

イメージ図を描けるほど内容の流れや起伏をはっきりとつかまえることができるならば、その論を自分なりに要約することは、もう難しくない。

そういう理解は、論の主旨を把握することよりもずっと重要になる。なぜならば、本のいちばんの魅力と意味は実はその主旨ではなく、論の展開の仕方だからだ。

## 〝人生のダイジェスト〟を読んでも自分の人生はわからない

ダイジェスト本や要約を読んでも、主旨（もっとも安易な意味での）を抜き出すことはできるが、どのように論が展開されてその主旨に至ったかは実際にじっくりと読んだ人にしかわからないものだ。

ドイツの詩人J・W・ゲーテの代表作でもある戯曲『ファウスト』は、古典の中の輝く一冊だ。翻訳の文庫本にして二冊、千ページ近くある。

内容は、悪魔に魂を売った中世の学者ファウストが若返って、いわゆる男の人生冒険をくり返し、やがてすべてのことに失敗して死んでしまうというものだ。ファウストは、悪魔の手助けで人生をもう一度やり直したのだが、失敗したのである。

古典を勧められて、単なる奇妙な男の失敗だらけの人生をえんえんと読み続けてみてもしようがないと思われるかもしれない。しかし、どんな人生論を読むよりも、ゲーテの『ファウスト』を読んだほうが、男の一生というものがよくわかるのではないかとわたしは本気で思うのだ。

なぜかというと、男が人生のうちでやりたがるほとんどのことを、主人公ファウストがやってみせてくれているからだ。

若返り、少女との恋愛、冒険、政治、国土の開発などに彼は果敢に挑み、そして手痛い矛盾にがく然とし、最後に彼は、自分が本当にすべきことだった希望の光を見て死んでいく。

そういうぶざまな男なのに、彼の魂は悪魔にとられず、かつて不幸にして死なせてしまった少女の霊によって救われていくという話だ。

『ファウスト』は戯曲の古典だが、たとえば思想の古典、人生論の古典、教訓の古典においても、その古びたような外観を大きく裏切る感動や深み、思考の繊細な緻密さと鋭利さ、驚くべき独創、といったものが収められている。食事でたとえれば、どれもこれもフルコースといったボリュームなのだ。

この古典を、少ない時間で要領よく読もうとして、ダイジェストのような便利本で間に合わせるのなら、まったく何にも読まなかったのと同じことである。

料理そのものを自分の口で食べずにレシピだけを眺めて、いったいどうしてその料理の味や歯ごたえや香りや温度や後味を知ることができるだろうか。

# 脳が活性化する、思考の整理習慣

## 読んだ分だけ、頭の働きは確実によくなる

本を読まないよりは読んだほうが、人間世界の論理と秩序がより早く理解できるようになるのは確かだ。だからといって、残念ながら、たった数冊の読書ですごく生きやすくなるというわけでもない。

ただ、読むことによって論理と秩序がわかるようになると、同時に付随した知識も入ってくるから、知識が少ない人よりは生活や仕事において、やや有利になるだろう。

もちろん、その知識を応用して巧妙な悪行をすることもできる。

つまり、本を読むことで、自分の可能性が多くの方向へと広がることは明白だ。

たとえば、格別に意識されることはないだろうが、現代の生活においては電子メール、書類やいろんな形での通知などたくさんの文章を読んで正確に理解しなければならない場面がとても多いものだ。ふだんから本を読む習慣があれば、さまざまな文章を読むときに困難を覚えなくなるのは当然だ。文章を読めないよりは読めたほうが可能性が広がるのは言うまでもない。

## 人間関係で迷ったとき、悩んだときは本を読め

本を読む習慣が身についているならば、書かれていることはもちろん、誰かが言ったことについても、その論理の構造が自然とつかめるようになる。そうして、書かれたものや、言われたことの論理からその信憑性《しんぴょうせい》をはかることができる。

またそれは、自分自身のことについても応用がきく。つまり、自分が思い悩んでいることと、自分にとって問題となっていること、などについて整理整頓がしやすくなるのだ。

自分の内面にある瑣末《さまつ》なものについて整理整頓や掃除ができれば、くだらない考えをできるだけ排除することができる。くだらない考えとは実は「考え」といったものなどではなく、その中身は妄想《もうそう》や不快な記憶やいっときの強い感情だ。

それらは自分の中から自然に生まれてくるものではない。他人が言ったことや他人の意見、他人からの視線、他人の態度、等々を必要以上に気にし続けることから発酵してくる不快な匂いだ。

本を読むことで、それらをつまみ出して棄《す》てることができるようになる。このゴミ出しはつまらない思い悩みから自分をすっきりと解放してくれる。同時に、自分の時間が増える。なぜなら、これまでは種々のつまらないことへの思い悩みで時間をみすみす浪費していたからだ。

こういう心の整理とでもいうべきことが以前よりも簡単にできるようになるのは、本を読むことによって、物事とその関係を整理して理解し、その軽重、有用無用、意味無意味を判断するという訓練が、自分で意識しないうちにできるようになるからだ。

それこそが、読書によって得られる最初の知性なのである。

# 成功・飛躍……を生み出す「言葉」の偉力

## 「何を読むかで人生が決まる」とわたしが断言する理由

読書の大きな効用の一つに、「言葉を知ること」がある。「言葉なんかとっくの昔から知ってる」と思うだろうが、それは大きな錯誤だ。

わたしたちはあらかじめ言葉を知っておいてから、言葉を使ったり、本を読んだりするわけではない。

誰かが言葉を使っているのを経験することでのみ、その言葉の使い方を知る。書物にそのように言葉が並んでいるのを見て、言葉の並べ方を知るのだ。

お辞儀や挨拶の仕方を覚えるのと同じだ。つまり、自分の身のまわりの生活環境から言葉の使い方と意味を知って身につけるようになる。
もしも、一般の書物をいっさい読むことなく、生活環境からのみで言葉や語彙《ごい》、言い回しを知り、さらに周囲の人々全員がおかしな言葉遣いをしていれば、言葉とはそういうふうに使うものだとして理解するのが自然だ。その理解には論理も付随しているから、おかしな論理をも用いるようになる。

不良少年グループの間で交わされている言葉を聞いてみればいい。カルト宗教にはまっている人々が交わす言葉の数々も同じ質をもっている。彼らが使う言葉はあまりにも独特であり、仲間内でしか通用しない隠語や造語が多い。論理も不思議なほど偏向したものだ。

彼らが他の価値観に気づかず、彼らの狭い生活環境からいっこうに抜けだせないのも、頭の中がそういう偏向した言葉と論理で満ちているからだ。その歪《ゆが》み具合は、異常に暗く狭い視野をもっているのと同じようなものだ。

習慣的な読書がしばしば少年少女たちの素行や考え方を矯正する効果をもつのは、正常な言葉遣いと論理で構成された本を読むことによって頭の中で言葉の入れ替えが自然に行なわれるからだ。あたかも新しい血液に入れ替えるかのように。

## 語彙《ごい》が少ない人ほど、チャンスが少ない

もし自分が使える言葉の数が、すなわち語彙数が少なければどうなるか。その少ない語彙だけで、あらゆる言語表現をしなければならなくなる。その表現は当然ながら貧弱なものだ。そして、その分だけ相手から理解される度合いも少なくなる。

語彙数の少ない言語の典型は各地の方言だ。方言特有の言い回しが共通語の数十の意味をになっていたりすると、語彙数はぐっと少なくなる。

たとえば、津軽弁には「かちゃくちゃない」という言い回しがある。この言い回しが含む意味範囲はかなり広い。「面倒だ」「複雑だ」「あまりにもまだるっこしい」「うざったい」「わけがわからない」「いらつく」「いいかげんにしてほしい」「だめだ」……これらの意味がその小さな一語に包まれている。

しかも、この言い回しは事態にも人物にも、あるいは自分の気分や感情についても

自由に使われる。だから、この方言を使う人は、「かちゃくちゃない」は多くの事柄に適用できる便利な言葉だと信じている。

しかしやはり、津軽弁に慣れていない他の人にとっては意味があまりにも広範囲なためにひどく曖昧模糊《あいまいもこ》としたものでしかないのだ。「かちゃくちゃない」という言い回しが無意味だといっても過言ではない。

言葉はたんに動物的な意志疎通の機能だけがあればいいというものではない。ある程度の深さまで互いの含むところや真意が伝わらなければならない。

多くの語彙はそのために必要とされているのだ。たんに意志や欲求を伝えるだけでいいのなら、発声された言葉はもう言語ではなく、動物の啼《な》き声《ごえ》とほぼ変わらなくなるだろう。

同じ意味のことを、哲学者の清水真木《まき》氏は著書『感情とは何か』の中で、「やばい」という一語の濫用についてこう書いている。

〝やばい〟の一語を使えば、事柄の性質や自分の気持に適合する言い回しを工夫する面倒な作業を省略することが可能になります。……ただ、〝やばい〟が使われるかぎり、わたしたちの言語使用の能力がその分だけ損なわれることは確かです。……一〇〇種類の表現を捨て〝やばい〟の一語を使うことは、一〇〇種類の表現が区別していた一〇〇種類の事柄を味わい分ける力を捨てることと同じだからです。〝やばい〟を無差別に連発するうちに、事柄を把握する枠組みは大雑把になり、感情は粗雑になります。……考える力、感じる力とは、言葉を正確に使い分ける力に他ならないのです。

だから、標準的な言語と豊富な語彙数で適正に書かれた本は、それを読むだけで、言葉の使い方と言葉の豊富さと表現の仕方をやんわりと教えてくれる。方言や生活環境内の言葉や表現が敷地内の小さな井戸だとすれば、一冊の書物は海にたとえてもいいくらいだろう。

本を読むことで得られるものは大きい。その内容にある知識がどうこう言う前に、ある事柄についての言葉が誰にもわかるように書かれているということが重要なのだ。その書き方はある意味で文章の模範となっているからだ。つまり、自分が言葉や表現を覚える材料と契機を与えてくれるという意味で。

## 日本人は、日本語を自由自在に使えていない!?

多くの人は、自分は日本語を知っていると思いこんでいる。外国に住めば日本語の教師くらいには簡単になれるだろうと本気で思っている。

しかし、多くの人は日本語をほんの少ししか知らないのだ。自由自在に使うこともできないし、文法的に正しいたった数百文字の文章を書くことも実はできていない。

その状態を治療できるのは読書だけだ。学校でいくら勉強しようとも、いくらインターネットで情報を仕入れようとも、自分で本を読まない限り、言語や表現の能力は今以上には決して高くならない。

丹念に編集・校正された本は、いわば本物の出汁《だし》でつくられた味噌汁のようなものだ。化学調味料や添加物で味と香りだけ似るようにしたものではない。パロディやカリカチュア（人物画）にしても、その本物を知っている人だけがおもしろいのだ。

読書をするならば、自分の言語能力が日を追うごとに高くなる。半年後には他人から見てもはっきりとわかる能力を身につけるようになる。その能力は当然のことながら、自分の他の能力を高めることに全面的につながっていく。

Column

# 本を読まない人に起こる、こんな〝怖いこと〟

本を読まないと、どうなるか。すぐには何の不都合も起きないように感じられるだろう。

しかし、やがて気づかないままに緩やかな斜面を下っていくようになる。すると何が起きるかというと、自分で何かについてじっくり考えることが苦手になり、ついには自分で考えることをしなくなる。

どうしてそうなるかというのは単純で、文章の論理というものが身につかないからだ。この場合の論理とは、論理学で言うところの数学的な論理のことではない。

何がどのようになって結果としてこうなった、という物事の順番や動き方の論理のことだ。あるいは、総じて一般の道理も含んだものだ。

これは学校で教わらない。誰しもが言葉と文章の読み書きでのみ訓練されていくのだ。言葉の並べ方にはすでに論理があるし、文章が始まる仕方、文章が終わる仕方にも論理がある。

本を読まないと、いつまでもその論理がわからないままだし、身にもつかない。すると、誰かの言ったことの意味どころか、何が話の中心にあるのか、何を言われたのかさえわからなくなる。同時に、自分のことについても相手にうまく伝えることができなくなる。


しかし、そういう人でも世の中を渡っていくのは可能だ。何事についてもとりあえず人真似《ひとまね》をしておけばいいからだ。そこに笑顔とやさしさを加えておけば、「穏やかでいい人だ」と見られる。

ただ、これが通用するのは近親者や古い知り合いで囲まれた狭い生活環境で生きていける場合だけだ。人の移動と交流と競争が多い現代では、狭い生活圏に閉じこもって型通りに生きることはかなり難しいだろう。

言葉と文章の論理が身につかないままでいることは、身のまわりを整理整頓していない乱雑な状態にたとえられる。つまり、対人関係においても、自分自身の中にも秩序というものがない。

秩序がなければ生きにくい。すると、意志を通すために力ずくの方法を使ったり、暴力に訴えやすくなる。粗暴犯に読み書きがうまくできない人が多いのは偶然ではないのだ。

あるいはその逆の方向になびく人もいる。つまり、他人がしつらえたルールや秩序をあたかも自分のもののように考え、それに依存する。あるいは、伝統だの迷信だのといった既存の曖昧な秩序に依存する。

こういった依存の態度は他から操縦された生き方をするということにほかならない。その人を雇う側からすれば、「扱いやすい道具」である。

# 第2章

「自分の頭で考える」ために――

# 人間的魅力が増し、人生が豊かになる読書

# 「本は最高の自己投資である！」

## 「本を読まない人」の弱点とは？

科学書の結論が正しいものなのか、あるいは現実に有効なのかということは、実験していつも同じ結果が出るかどうか試してみてようやくわかる。裏返せば、一般人に科学書の結論の是非は、簡単には判定できないということだ。

しかし、一般的な論を張っている書物が提示する結論の有効性は、だいたい知ることができる。

まず、それが人間として受け入れられるものかどうかということだ。道徳的な意味ではなく、人間の生命の保持に反していないかどうかをチェックするのだ。

殺人や戦争を肯定する結論は受け入れられないものである。ところが、死刑については実際には賛否が分かれるだろう。死刑はやはり人間の生命の保持に反している。明らかな殺人行為だからだ。ところが、理由がつくと本質が見えにくくなる。

いわゆる「健常者」にしか通用しない結論も現実的な有効性をもっていない。

また、女性、子供、老人、失業者、外国人にとって不利になる結論も人間的には正しくはない。心や感情に関することを特別な方法で数値にした上で出される結論も正しいとはいえない。

これらは最低レベルでの話なのだが、そういった非人間的なことを結論として述べている書物は、実際に少なくはないのだ。

しかし、見かけはまともな書物の装《よそお》いをしているし、内容は論理立てて述べられているから、結論がしごく妥当なように見えてしまうのだ。

特に自分の日常経験や体験にはなかった事柄について得々と述べられてしまうと、正当な感じがしてくるものである。

アドルフ・ヒットラーの率いるナチスがユダヤ人を大量虐殺したときも、ナチスは巧《たく》みな論理でユダヤ人抹殺の正当性を証明させたのである。

確かに当時は、ユダヤ教を信じているユダヤ人はケチで高利貸しだというイメージが、ヨーロッパの多くの田舎にはあった。ナチスは、その曖昧なイメージを利用したばかりではなかった。おびただしいパンフレットや書物を発行して、ユダヤ人がいかに劣等な民族であり害悪であるかを論理的に説いたのだった。

しかし、その論理を支えている前提として、一般のドイツ人の日常経験になかったものを用いたのだ。つまり、「歴史的」で「民族学的」な説明である。

それをハフナー著『ヒトラーとは何か』（赤羽龍夫訳）の助けを借りて、次に簡略化してみよう。

## 人々の価値観まで歪めたヒットラーの論理

まず、ヒットラーは「あらゆる世界史上の出来事は、種族の自己保存の表現に他ならない」と規定する。「種族の自己保存の表現」とは、要するに種族が生活する空間を獲得するための闘争であり、もっと簡単な言葉で言えば「戦争」である。

つまり、世界史を見てみれば、戦争の連続だらけだということなのだ。

世界史を埋めてきた戦争は「支配と服従をめぐって行なわれる」。これは「自然というものに内在する高貴な基本観念が要求している」ことであり、要するに勝ち負けによって種族の自然淘汰《とうた》が行なわれる。

そして、「支配民族として最高の種族」であるアーリア人種が世界を支配する。すなわち、ドイツ人たちが他の人種との戦争に勝利するということだ。

しかし、自然淘汰へ向かう作業としての民族間の戦争を邪魔する民族がここにある。それはユダヤ民族である。

ユダヤ人らはすでに二千年間も国家をもっていないために、生活空間を求めて戦争をしかけてくる。彼らの戦争のやり方は、まず他民族と交配することによってその民族性を失わせ、最高種族の水準を低下させるばかりか、「すべての民族を世界中で汚染」し、こうしてできた人種のごたまぜを自分たちで支配することである。

このようにして地球上の国家を弱体化させる方法によって、ユダヤ人らは全人類をまずは奴隷化し、それから抹殺しようとする陰謀を企てている。

だから、まずドイツは他の民族と十分な力で戦争するために、横槍《よこやり》を入れてくるユダヤ人を抹殺しなければならない。だから、ヒットラーは「人類をユダヤ人から守ることによって、神のために闘っているのだ」。

というのが、ヒットラーの論理によるユダヤ人迫害の理由である。

ユダヤ人も人間である以上、殺してもいいという結論は受け入れられない。しかしながら、これに賛同した人々が少なからずいたということは、その結論を導いた前提を正しいとしたからに他ならないだろう。

つまり、人は結論ではなく、理由によってだまされるのである。

右のヒットラーの前提と論理は、ほとんど間違っている。しかし、その通りだと思う人がいたのはなぜだろうか。

たぶん、今この文章をはじめて読んだ人の何割かは、最初の「世界史を見てみれば戦争の連続だらけだ」に対して、「ああ、そう言えばそうかもしれないなあ」と思っただろう。確かに、世界史の年表を広げてみれば、歴史は戦争の連続のように見える。

さらにヒットラーは「戦争は自然淘汰の争いだ」と言っている。すると、弱肉強食による自然淘汰という説明が、戦争の連続を学問的に説明しているように見えるのだ。

もし、ユダヤ人が人類を抹殺する陰謀を企てているという妄想を加えずに、ヒットラーの論理の前半だけを現代において再び書物にしたならば、この世界観を信じる人が現代でも少なからず出てくるだろう。

しかし、この世界観は誤っている。世界史の年表にはたくさんの戦争が記されているだろうが、その期間をすべて計算してみればいい。戦争のない年月のほうが圧倒的に長い。

ちなみに、カール・マルクスは、その有名な著書『共産党宣言』で「これまでのあらゆる社会の歴史は階級闘争の歴史である」と言っているが、これも同じレベルでの事実誤認でしかない。

戦争は自然淘汰だというが、自然淘汰という用語は、本当はどういう意味だろうか。これは、広辞苑では次のように説明されている。

「生物進化において、ある種の個体群を構成する個体間で、ある形質を持つ個体がそれを持たない個体よりも多くの子孫を残すことができ、しかもその形質が遺伝するなら、その形質が後の世代により広く伝わるようになること」

これはダーウィンという学者が彼の学説「進化論」を説明するためにつくった、生物学のための用語であり、人間社会にあてはまるものではないのだということをはっきり知らなければならない。自然淘汰は一度に十万匹もの子を産むヒトデなどにあてはまる用語にすぎないのだ。

比喩としても、国家間の闘争に用いることは無謀だろう。しかし、ヒットラーは、この用語を欠かせない骨として、世界観の論理を組み立てたのだ。

戦争が生活空間をめぐる争いだというのも誤っている。そういう目的の戦争はヨーロッパにおいては、民族大移動以来、したがってこの千五百年というもの起きていないからだ。

ヒットラーのもっとも決定的な誤りは、「ユダヤ人」という概念だろう。ユダヤ人とはすでに民族の名称ではないからだ。そうではなくて、ユダヤ教を信じる人がユダヤ人なのである（これは現代の日本においても、しばしば混同されている言葉であろう）。

しかし、ヒットラーは血統的にユダヤ民族というものがあるとしたのである。

ヒットラーの論理を助けているこれら諸々の用語や表現は、一般の生活人の日常経験では容易に検討したり考えたりはしないものである。毎日の仕事に忙しい人が、世界観とか民族とかをまじめに考えてみようとしたりするだろうか。

だからこそ、そのような〝大きな言葉〟で筋道立てて述べられると、そのままあっさりと「正しいもの」と信じてしまうわけである。

働かずに他人の金でぜいたくに暮らしていたマルクスが「あらゆる歴史は階級闘争の歴史である」と声高に述べて、多くの労働者がその闘争を正しいと信じてしまったのも同じ心理であろう。

## 嘘の論理を見抜く目の養い方

わたしたちは、ふだんの生活にはない学問の用語に弱いということを認めなければならない。

大きな言葉がこれでもかと並べられると、ただ圧倒されてしまうのである。

そんなふうにしてだまされないために、論を述べている書物の結論や主張が人間的に受け入れられるものかどうかを、わたしたちはよく考えなければならないだろう。

しかし、結論や主張がはっきりとわかりにくい場合、あるいは抽象的にしか語られていない場合、あるいは容易に判断しにくい場合、その書物の論の妥当さをどこで判断したらいいのだろうか。また、著者の論をどのように認めればいいのか。

このためには、論の前提となっている各部分の正確さを調べるという方法がある。

先ほど見たように、ヒットラーの論は最初の歴史観から間違っていた。つまり、前提が誤っていたわけだ。誤った前提からは、妥当な論が運べるわけがない。

どんな書物でもそうだが、最初のほうに「～は～だ」という前提を置いている。これがこれから展開される論の大前提である。

だから、最初に出てきた大前提が、本当にその通りなのかどうか調べればいいのだ。これは書物ばかりではなく、短い論やエッセイについても通じる手法である。

もし、論の始めに「日本人というものはみな小柄で眼鏡《めがね》をかけていて、腕にルイ・ヴィトンのバッグをぶらさげているものだが……」とあれば、これはわたしたちの経験から誤っていると簡単に判断できる。

しかし、経験から判断できないものは、事典や参考文献を自分で調べるなりしてチェックしない限り、いつまで経っても判断できなくなる。


最初に出てくる前提だけを調べればいいというのではない。「これは本当に事実に合っているだろうか」という疑念が少しでも生じることがあったら、調べてみるのだ。

その際、特別な事典類や参考書はいらない。自分がもっている辞書や事典、地図や年表、あるいはネット検索で確認してみるだけでいい。そして調べた結果が書物に書かれている通りであっても、時間を損したことにはならない。疑問をもってみずから学んだからだ。そういう学びは、学校での勉強などよりはるかに身につくものだ。

## あなたはこんな先入観に踊らされていないか

しかし、わたしたちは瑣末《さまつ》主義になるべきではない。著者の犯した小さなミスをほじくって、安易にこの書物はまじめに読む価値がないと断定するのは早計だろう。

著者の知識に誤りがあっても、その部分が結論までの論理を導くような重要な前提に影響していなければ構わないのである。

ところが知識ではなく、著者の勝手な価値観が前提を支えている場合は、見破るのがもっと難しくなる。

たとえば、次のように書かれていた場合はどうだろう。

　幸福にも肉体的条件があるのではないだろうか。健康でなくて、どうして完全に幸福だと言えるものだろうか。こういうふうに考えてくると、幸福そのものを求めるのではなく、その基礎となる健康をまず求めることが大切だとわかってくる。

書物でなくとも、数十人の聴衆の前でこのように講演し、続けて簡単な健康法を紹介したり、健康になるための食物などをいくつか挙げれば、聴衆のほとんどは「きょうはいい話を聞いた」と感激するかもしれない。この論の偏見にいっこうに気づかないのだ。

なぜならば、誰しも幸福になりたいと願い、健康でありたいと願っているために、何か特別な方法を知りたいだけで、著者自身の勝手な価値観から結論を導いていることに気づかないからだ。

この場合の勝手な価値観とは、幸福が誰にとってもいいことだとしていることである。そして、幸福には条件があると決めつけている。

幸福とは何かということは、紀元前五百年ごろから考え続けられてきた。そしてまだ人類が解答を見出せないでいる問題なのである。

どうしてかというと、幸福とは結局のところ個々人の心の状態のことだからだ。健康でなくても幸福を感じることはできる。健康であっても、金持ちであっても、不幸しか感じない人もいるのだ。

苦しみや悲しみの多い人生を送ってきた人でもなお、その人が不幸だと他人が判断することはできない。何不自由ない生活が幸福だとも断定できない。

ところが、この著者は、いくつかの条件を満たせば人は幸福になれるという一種の先入観の上に立って論を進めている。そのことにわたしたちがすぐに気づかないのは、他でもない、わたしたちの多くもまた、幸福には条件があると思っているからなのだ。

要するに、書物がひどい偏見を前提に述べていようとも、読み手が同じレベルの偏見をもっていたならば、ただ賛成するばかりで誤りに気づかないということなのだ。

おそらくテレビなどのマス・メディアが絶えず送ってくる価値判断をそのまま受け取った生活をしているのが、その一因かもしれない。

「人間、なんてったって健康がいちばんです」

「学歴、年収、地位、すべてそろったエリートです」

「東大を出ているのですから、かなり頭のいい人です」

「民主主義こそ最高の政治体制です」

「アメリカは自由の国です」

「日本古来の文化を守ろう」ｅｔｃ……。

別の表現であっても、マス・メディアからはこういう安易な価値判断や偏見が絶えず送られてきている。

それをそのまま受け取るというのは信じることである。自分で考えることではないのだ。ここに一線を引いておかなければ、わたしたちは他人の言論に動かされるままになってしまうという危険の中に立つことになるのだ。

ある事柄について、いくつもの書物を読んだほうがいい。何冊もの本を読むことによって、今まで常識だと思いこんでいたものが、偏見だったとわかるからだ。

ふだんのわたしたちだって、いろいろな人間に会って、いろいろな交渉や関係をもって、はじめてこの世にはいろいろな性格や考え方があるのだとわかる。それと同じことを書物に対してもすればいいのだ。

多読の効用はまずそこにある。

多読は自分の脳を刺激してくれる。自分で考えることをうながしてくれる。自分で考える、これらは誰からも奪いとられることのない宝である。

# 「読書歴」と「人間的魅力」の意外な関係

## 「問題意識」とは何か?

誰もが一度は聞いたことがあるだろう。「問題意識をもて」という言い方を。すると、「問題意識とはいったいどういった意識をもつことなのだろう」とあらためて考えてしまいがちだ。なんだか難しそうな感じがつきまとい始める。

しかし問題意識とは何か特別なものではないし、高尚なものでもない。つまるところ、自分で気になったり疑問に思っていれば、それが問題意識をもっているということにすぎない。

しかし、自分の疑問が問題意識と呼ばれるほどのものではないとつい思ってしまうのは、自分の疑問はあくまでも個人的なものであり、他人にわかるものではないと勝手に考える癖がついているからだ。つまり、自分の内側と外界はまったく別のものだと思っているのだ。

もしもずっとそう思い続けるならば、人生において恐怖の数が多くなるだろう。なぜならば、自分の内と外に境界があり、自分の内側は誰からも理解されず、自分だけがそれを抱えていかなければならないし、同時に自分の外にあるものは脅威に見えるからだ。

読書は、その内と外の境界の壁が蜃気楼《しんきろう》のようなものであったことを気づかせてくれる。自分の疑問がもっと明確な形で本の中に書かれているからだ。その意味で読書は人に、生きる力の一つをそっと与えてくれるものだ。

本を読んで仕事や教養や人格の形成に役立てている人はみな、いつもたくさんの疑問をもっている人でもある。

これを反対側から言い換えることもできる。すなわち、疑問を抱えているからこそ本を読むのだと。要するに、本に対して質問を続けているというわけだ。

本をふだん読まない人たちも疑問はもっている。しかし、多くの場合その人たちの疑問はいつのまにかうやむやになってしまうか、習慣や伝統といった曖昧な返答の中に呑《の》みこまれてしまうものだ。


たとえば、ふだんの生活からふと生まれてきた疑問、「どうして家に仏壇《ぶつだん》を置いている人が多いのだろう。みんな本当に仏教徒なのだろうか。それなのに仏教経典の一つも読んだことがある人はどうして少ないのだろう」というものがあったとしよう。

この疑問に世人はいとも簡単に答えてしまう。「だって、日本人は先祖代々仏教徒だからね。それが日本の伝統だよ」「お経なんか、悟っていない凡人にはわからないのがふつうだよ。意味なんか知らなくても、唱えていれば御利益《ごりやく》があるのさ」

こういったたぐいの返答はとてもいいかげんなものだし、虚偽やごまかしがあまりにも多い。しかし、相手をだまそうと思ってそう答えているわけではなく、多くの世人は本当に「そんなものだ」と思いこんでしまっている場合が多い。

それは、自分と関わりのある世間のふつうの人々と、できるだけ衝突を少なくして

本を読まない人 ― 視点も見える範囲も制限がある

本を読む人 ― 自由に視点を変えられるばかりでなく
全体像も把握できる

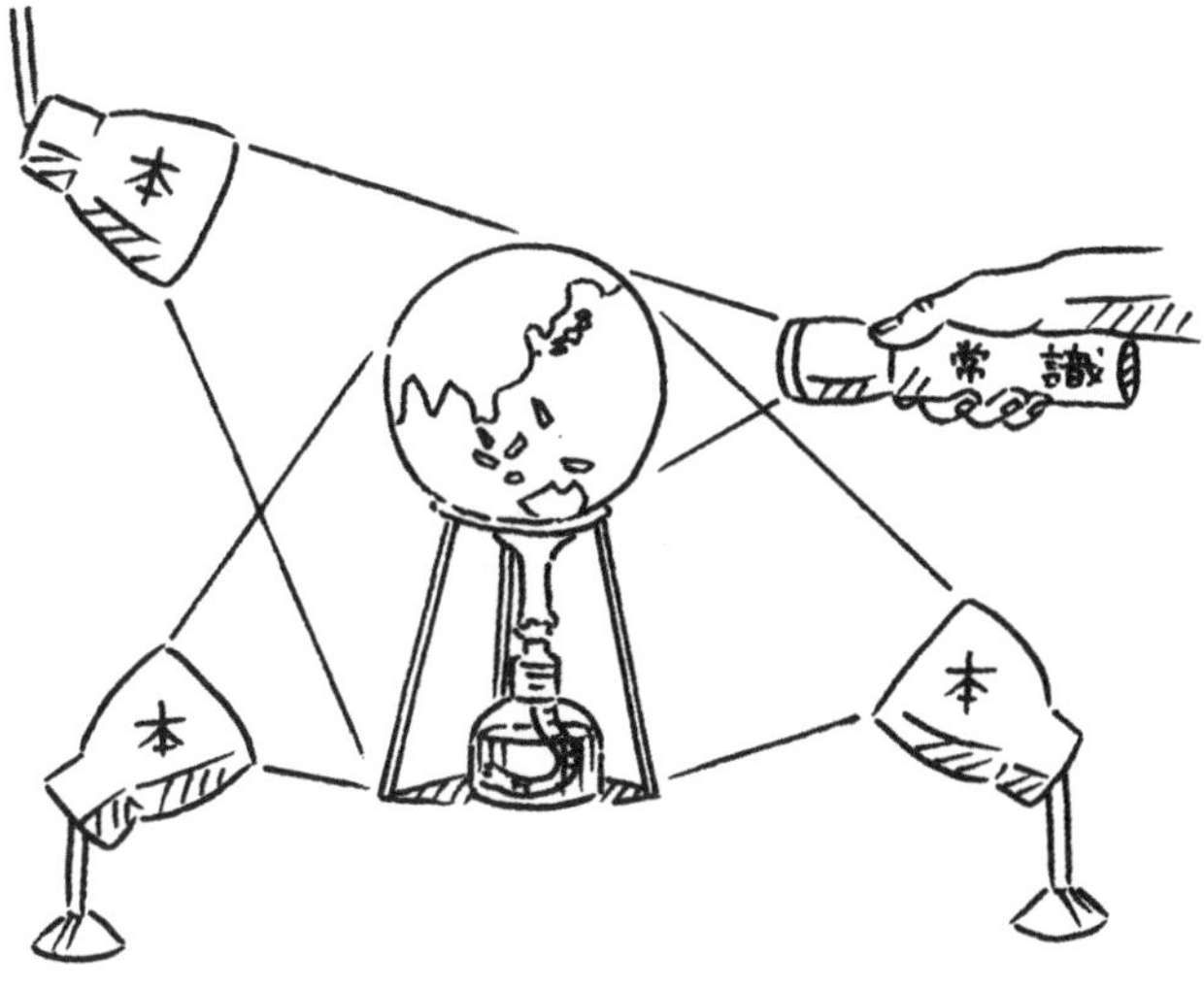

うまくやっていくための世渡りでもあろう。これが、周囲と同じ程度の知識、世間の人が好んで口にする「世間的常識」というものだ。そこに内容の正誤は問題になってはいない。なぜならば、ただ波風の立たない生き方をすることが主な目的となっている人の態度だからだ。

しかし本を読み出すようになると、この世間的常識がどこか空中楼閣のようなものだとうすうす感じ始める。そうなるのは、世間の常識とはだいぶ異なる事柄や価値観が書物には記されているからだ。

そしてさらに気づくのは、これまで学校で教わった事柄ですら、たんに現行の統治体制が望むものであったり、学問の暫定的な仮説であったにすぎないということだ。

すると、その痛みをともなった気づきから「では、本当のこととは何だろう」という疑問が次々に生まれ、これをずっと追求すると、いわば学問の道を行くことになる。

専門的な学問に向かわなくても、自分の疑問を掘り下げるように本を読み続けて、世間の常識などでは満足しない自分の知の領域をどんどん広げていく場合もある。それもまた知的な生活である。

## その「答え」は、本当に「真実」か

世間の常識という掛け金をいったん自分からはずしてしまうと、疑問や質問はとめどなく出てくるものだ。テレビでニュースを見ていても疑問は湧き出てくる。たとえば、イスラム教徒はなぜ豚肉を食べないのかという素朴な疑問だ。

それはイスラム教徒が聖典とする『コーラン（クルアーン）』が豚肉を食べるのを禁じているからなのだが、宗教的に決められた食物禁忌だからというこのあっけない理由を見つけただけで納得するのだろうか。

それではとうてい収まらないだろう。なぜ、豚肉なのか。牛肉や鶏肉はなぜ許されるのか。食べ物の種類を制限して何の利得があるのか。古代の信仰にすぎないのに、なぜ現代まで引き継がれているのか、といった疑問がぞろぞろと出てくるのがふつうのことだ。

そして、結局は起源となっている聖書中の記事にたどりつくことになる。そこには、神の言葉としてこういうふうに記されている。

地に棲《す》むすべての動物のうち、お前たちが食べることができる生き物は次のとおりである。

動物のうちで、ひづめが割れ、しかも完全に分かれていて反芻《はんすう》するもの、それらすべてをお前たちは食べることはできる。……豚、これはひづめが割れ、しかも完全に分かれているが、反芻しないので、お前たちにとって汚れたものである。お前たちはこれらの肉を食べてはならない。

（レビ記第11章　フランシスコ会聖書研究所訳注）


翻訳したフランシスコ会はこのことについて、次のように注釈を入れている。

「豚がユダヤ人にとって特に汚らわしいものとされた理由は、それが異教の祭式に用いられたからかもしれない」

なにも豚だけが禁忌の食物だというわけではない。猛禽類《もうきんるい》、甲殻類や貝も禁忌だった。牛肉と牛乳を合わせて食べるのも禁じられている。こういった食物禁忌は古代だけではなく、現代もなお強く生きているのだ。

フェデリコ・バルバロは彼の訳した聖書の注釈で、この食物禁忌についてまとまった説明はできないとしながらも、動物のいくつかの種類はエジプトやアッシリアなどの神々とつながっていたからではないかと推測している。そういう動物をうっかり食べると、他国人から責められたり、あるいは紛争になったりするというわけだ。

しかし、現代人のわたしたちはその食物禁忌の本当のところは共同社会や経済に沿った合理的な理由が裏にあったのではないかという疑問をもつし、それを知りたいがために他の本や資料から妥当な理由を探さねばならなくなる。

たとえば、冷蔵庫などなかった古代においては、豚肉などは腐りやすいからあえて食べないという衛生面の配慮からの推測もありえる。

古代のユダヤ教のラビ（指導者）たちは、禁忌の理由をそれぞれ次のように説明している。血を食べないようにすれば暴力の本能が抑制できる。食べれば魂がけがれ、知性がにぶくなる。たんに不潔で胃に悪いし健康を損なうからだ、等々。

ところが、現代に生きるスティーブン・ピンカーはまったく別の見方をする。

どんな集団でも、若く、貧しく権利を奪われているメンバーは、ほかの集団に走る可能性がある。権力のあるメンバー、なかでも親はとくに、彼らをとどまらせることに関心がある。世界中どこでも、人は食事をともにすることで結びつきをもつ。ポトラッチも宴会もビジネス・ランチもデートもそうだ。私があなたとともに食べることができなければ、私はあなたの友だちになれない。

食べ物のタブーは、しばしば近隣部族の好物を禁じる。……このことは、食べ物のタブーが、離脱する可能性のある者をとどめる武器であることを示唆している。……禁じられた食べ物は嗜好《しこう》ができあがる感受性期に一度も経験していないので、それだけで十分に、嫌悪感の対象になる。これは敵と親しくなるのを躊躇《ちゅうちょ》させる効果がある。(『心の仕組み』山下篤子訳)

つまり、食物禁忌によって別の共同体との間に一線を画し、交わりを防ぐという戦略が隠されているというわけだ。

ピンカーが正解を出したと断言できるわけではないが、たった一つの疑問についてこれだけのさまざまな回答があるということは、本を次々に読んでいかなければわからない。その体験はわたしたちの考え方と生き方に影響を与えないはずがないのだ。

# 第3章

毒にも薬にもならない本は読むな！

# 自分を成長させてくれる本は、こうやって選ぶ

# 「本当に役立つ本」の見分け方

## 「毒」本もわかって読めば、じつは頭の特効薬になる

食事をする際には自分の身体を毒さず、きちんと栄養がとれるような料理を選ぶように、書物にしても、できるだけまともなものを選んだほうがいい。栄養失調になれば医者にかかればいいのだが、下手な本を読めば、精神が毒されることになる。

と書いているわたしはどうかと言えば、まともな本ばかりを読んできたわけではない。ひどい本、どうにもならない本、愚論ばかりの本も読んできた。

ただ、それがゲテモノであることを最初から知っていたため、毒されなかっただけ

だ。それは、身体に悪いと知りながらたまにジャンクフードを食べるようなものだろう。そういうときは他の食事で、あるいは運動などを意識的にして、バランスをとれば挽回できる。読書もまた、そういうものなのだ。

しかし、限られた時間の中でいくつかの書物を読んで考えをまとめなければならない立場であるならば、興味本位でまずいカレーライスを食べてみるような寄り道はできないだろう。

金銭的に制限のある場合も同じである。人生にも時間的に限りがある。

そこで、どういうふうに自分が必要とする書物を選ぶかということが問題になる。

## 効率のいい「立ち読み」の技術

自分の趣味に関する本ならば、書店で少し立ち読みしてみただけで、必要性があるかどうかが簡単にわかるだろう。ところが、何か事柄について論を張っている書物は、良し悪しが見分けにくくなるものだ。

そこで、購入する段階でまともな本を選ぶにはどうするか。いくつか方法がある。

まず大切なことは、タイトル（書名）だけで中身を勝手に断定してしまわないことだ。小説の場合ならタイトルは作家がつけることが多いが、論を張っている書物のタイトルや小見出しは出版社がつけていることが多いのだ（本書も同じ）。すなわち、「売れそうだ」という理由でタイトルがつけられているということだ。

だから、タイトルが人目を引くすぐれたものであっても、中身まですぐれているという保証にはならない。

## 書店には「歩き方」がある

書店で本を探したり選んだりするときは、店内のあちこちを歩いたり、書棚の前でずっと立ちつくしたりするから、かなりいらつくし疲れるものだが、やはり時間をかけたほうが必要な本に出合いやすくなる。

書店にたびたび足を運び、長くいるほど、どこの書棚にどういう本がそろえてあるかわかるようになる。ほぼ統一された並べ方のある図書館とは異なり、書店によって本の並べ方や重点の置き方が違うのである。

書名や著者名だけで安易に分類している大きな書店もあるし、内容によって分類している書店もあるから読者にとっては少しやっかいだ。また、分類名も書店によって異なる。

そういう特徴を早く知るほどに求める本が探しやすくなる。

店員にこういう書物はないかと聞くと、だいたいは答えてくれる。コンピュータで検索してくれる場合もある。もし、店員がその本を探してもってきてくれるのなら、親切心に感謝しながらも棚の場所を教えてもらい、自分でその棚の前に行くべきだ。すると、もっといい本が見つかる可能性が高いからだ。

しかし、店員が書店で働いているから商品である書物をよく知っていると思うのは買いかぶりだろう。かなり年季の入った店員でない限り、書物にはくわしくないものだ。もちろん、知識がないアルバイトやパートタイマーの店員も多い。

日本はだめで外国はいいという論法など嫌いだけれど、わたしが留学していたときに出会ったドイツの書店員の書物知識はたいしたものだった。たちどころに的確な書名や棚を教えてくれるし、書物の特徴まで教えてくれる。もちろん、ドイツのすべての書店員がそうだというわけではない。

## 読むべき本を自力で見つけ出すヒント

やはり、本を探すときの基本は自分で探すことだ。

立ち読みで一冊でも適した本が見つかったら、巻末を開いてみて、参考文献表があるかどうか調べてみたほうがいい。そこにある参考文献こそ、関連本だからだ。そこに並んでいる本がまったく見当違いなら、今、手に取っている本もそっと棚に戻したほうがいいだろう。

そういった努力をしていると、やがて不安ながらも「これかな？」という感触の書物が見つかるものだ。そうしたら、目次を開いて読んでみる。

内容が想像されるようなくわしい目次だったら、その書物の構成がだいたいわかり、すでにその段階で、何に重点を置いて書かれているのかがわかる。

また、目次がくわしいほど、読み直したり参考文献として用いるときに、それが一種の索引の役目をはたしてくれるという便利さがある（哲学書ならば、イマニュエル・カントの書物の目次がそれである）。

目次から与えられる情報は大きいものである。だから目次が詳細で親切な本であるほど、自分に必要かどうかが決めやすいということになる。

目次があまりにも簡単な本は内容が見えにくい。しかし、だからといって内容がいいかげんだと一概に言うことはできない。

だから、今度はその場でいくつか拾い読みをしてみるのだ。ぺらぺらめくってみて、目に入ってくる文章や数語を読む。

このときに、書物の匂いがわかる。鼻腔《びこう》でわかる匂いのことではなく、その書物全体を貫く雰囲気のようなもののことだ。いばった感じ、難解な感じ、平易な感じ、安易な感じ、きどっている感じ、執拗《しつよう》な感じ、だらしない感じ、などが匂ってくる。

また、使っている用語の一端もこのときにわかる。たくさんの見慣れない外国語をカタカナで記しているなら、ろくな本ではない。読みにくい漢字をルビ（振り仮名）もふらずに多用しているのもいい本ではない。

翻訳書であるならば、訳文が読みづらいのは避けるべきだろう。それは翻訳者自身が意味を明確につかめないまま訳している証拠だから、こちらで何度読んでも意味がわかることがないからだ。そういう本は、哲学書などで意外と多かったりする。

あたかも自分の交友の広さを誇るかのように、知人の名前や肩書きを頻繁に出している本もたいしたものではない。それにしても、そういう本が日本のビジネス書にことさら多いのはどういうわけだろうか。

ペラペラめくってみて、今挙げたような難点が格別見当たらないと思ったら、今度は少なくとも二ページ以上は立ち読みしてみるべきだろう。

ただし、偶然開けたページの文章を読むのではなく、目次を見てもっとも気にかかっている項目、あるいはテーマの核心をはっきりと突いていると思われる項目を探し、そこのページの文章をあわてずにじっくりと読んでみるのだ。

そのときに、この本が自分に必要な本か、買うべきかどうかということをだいたい察することができる。

この立ち読みによってふつうは、

「わからない用語がいくつかあったが、内容はなんとか理解できるかもしれない」

とか、

「自分の考えとは違うけれど、参考になるかもしれない」

という感じを抱くものである。


そこには一種の抵抗感がある。なぜならば、著者の知識と考えのほうが自分のものよりも格段に大きいからだ。本を読むということはある意味で教えてもらうことでもあるから、師は自分よりも大きい存在でなければならないだろう。

反対にもし、

「一ページから二ページを理解しながらすんなりと読めたし、内容に賛同できる」

というのなら、わざわざ買うまでもないだろう。


なぜならば、簡単に理解できて自分の考えと同じような内容ならば、そこには自分にとって学ぶべき新しいことが何も書かれていないからだ。

また、ちょっと立ち読みしただけで、

「多くの秘密が明かされていたので、驚きの連続でワクワクした」

というのであったら、まあだいたいはまともな書物ではない。

たとえば、「ピラミッドに隠された数字は地球に関する数字をすべて含んでいる」

とか「ある特定の病気は先祖が悪いことをしたからだ」といった内容の本のことだ。

こういう本は、そのばかばかしさを笑って読むべきもので、そこから学べるものといったら強引なエセ論理くらいのものだろう。


自分がまともに現実と向き合って生きている限りは、「日本人の中には二千人ばかりの宇宙人が混じっている」と主張するような論がうさんくさいものであると簡単にわかる。

しかし、そういうウソは常識と直観でわかるが、ことに医学関係や科学関係のデタラメな論にはころりとだまされることがある。相手の肩書きを信用したり、自分の人生や経験と照らし合わせてみることができない事柄が書かれているからだ。

ともかく、たった二ページくらい読んだだけで突飛な主張が目立つような本は、おおかた危険であろう。

これから自分が関わらなければならないテーマについて、ほとんど予備知識がない状態で参考文献を探さなければならないというのなら、この立ち読みを、さまざまな著者や出版社の本でくり返す必要が出てくる。

## 「本を読む人」に常につきまとう、この「危険性」

そうして目次を読み、内容のほんの一部を読んだら、今度は結論部を読んでみる。

結論部が常に本の末尾のほうにあるとは限らないので、目次を頼りに結論部を探して読んでみるのだ。章の途中や巻末に「結び」があるなら、そこも読んでおく。

「あとがき」があれば、これを読まない手はないだろう。多くの場合、内容の肝心な点に触れているからだ。「あとがき」で著者の著述姿勢を知ることもできる。

訳者や他者による「解説」が巻末にあるなら、それを読むことで書物をある程度まで見渡すことが可能になる。解説がわかりにくいものならば、内容もわかりにくいと判断してほぼ間違いないだろう。この解説が最初に載っている翻訳本もある。

著者が有名であるかどうか、また著者の経歴などは、本を選ぶときの目安にはならない。有名大学の学者だから論証の確かな本を書けるという保証はない。

また、カヴァーにある著者名に肩書きがついているのは、たんに宣伝行為であり、この肩書きだけを頼りに買うような読者もいるからである。

有名度、肩書き、経歴で本を買うのなら、本書で述べているような書物選択の手続きはまったくいらないことになる。

ここまでを立ち読みで点検していくことは、見知らぬ建物の玄関から家屋の一部、そして建物の裏側の一部までをざっと知ることに似ている。

住むに適した鉄筋入りの堅牢な建物、つまり論理的に正しい書物であるかどうかまではわからないけれど、一応は読んでみる価値があるかもしれない本だと予測することだ。

むろん、同一テーマに関する書物を五冊から十冊購入したとしても、自分が求めていた本、あるいはきちんと書かれている本はそのうちの一冊から二冊だけで、あとは無駄であるということも往々にして起こりうる。

しかし、無駄だからといって、すぐに古本屋に売るのは早計というものだろう。無駄だといっても、当座は利用価値がないように見えているだけかもしれない。

あとで、もっと自分がそのテーマに関して深い知識をもつようになったときに大いに参考になるかもしれない。あるいは本当にくだらない本かもしれない。

このあたりの危険性は、いくら読書家になっても常につきまとうものだ。

## ベストセラーより、ロングセラーが大事な理由

そういう危険を避けるために、ベストセラーになっているものを選ぶという人もいる。しかし、ベストセラーになっている本がまともなものだとは限らない。

また、みんなが読んでいるから自分も読むという態度は、あまりにも無責任ではないだろうか。

ベストセラーになっているのなら、多くの雑誌や新聞でさまざまに論評されているはずだ。そういう情報を重ね合わせれば、だいたいの内容がわかってくる。それは周

囲のみんなが立ち読み点検の作業をしてくれているようなものだから、少しだけ参考にして自分に必要かどうか決めればいいのだ。

むしろ長く売れている書物、ロングセラーのほうに意味がある。長く売れているのは、その本の中に人間に何か教えるものがあるからなのだ。あるいは、参考書としていつでも使えるような正確さをもっているからだ。あるいは、特定の時代の代表的な考え方や価値観を集約して含んでいるからだ。

一般に古典的名著と呼ばれるものは、必ずロングセラーである。一時期に爆発的に売れたかどうかは関係ない。長く読まれているから、現代までも残っているわけだ。しかし、古典的名著がおしなべて最高の本だと言いきるわけにもいかない。いい本もあるし、毒を含んだ本もあるとわたしは思っている。

何の予備知識ももたずに読めば、本を読むどころか、逆に本に「呑みこまれてしまう」ことが起きる。すなわち、書かれてあることを頭から信じてしまうのだ。「名著」は立派な書物のことではない。内容が客観的に正しいかどうかも関係ない。よくも悪くも、世界の人々に大きな影響を与えた書物のことなのだ。

## 本選びで絶対に失敗しないための着眼点

インターネットが発達した現代にあって本を選ぼうとする人が影響を受けやすいのが、その本に対する他人の諸々の評価だ。世間一般の評価がまっとうなのではないかと思いがちである。

しかし、映画やレストランについてのネット上の評価と自分の体験を比較してみればすぐに気づくはずだ。妙な匿名《とくめい》でもっともらしく意見や評価をあだこうだと披瀝《ひれき》している彼らは、自分の好みや気分を正当化して語っているにすぎず、その内容は少しもあてにはなるものではない。

それと同じく本のレヴューも信用するに値しないもののほうが圧倒的に多い。これは新聞や雑誌の書評も同じだ。まともな場合でもその評者が理解できた範囲でしか語られていない。ひどい場合はたんなるもち上げか、ひねくれたそしりでしかない。

読む本を選ぶときはそういう塵芥《ちりあくた》に惑わされてはならない。レヴュアーがいかにヴェテランであっても、そのレヴューは参考にならない。ヴェテランのファッションスタイリストのセンスが必ずしもよくないのと似たようなものだ。

本は自分の興味、問題意識、センスで自由に選ぶものだ。いったん誰かに頼ったりしたら、今後も他人に頼らざるをえなくなるし、自分の選別眼をもてなくなる。

無駄なく効率よく本を選びたいからレヴューなどを参考にするのかもしれないが、無駄とか効率とかいう考え方は儲《もう》けという成果を短期的に出さなければならない商売のときに使われるものであって、読書をも含めた文化的行為に適用できるものではない。むしろ、無駄や非効率は文化を文化たらしめるものだ。

それでもなお本選びの指針のようなものが欲しいのならば、すでに読んだお気に入りの本の巻末にある参考文献の一覧が参考になるだろう。そこから本を選び、最寄りの図書館にあるかどうかをネット検索などで調べ、図書館に出向いて本物を開き、それで読みたいと思ったならば購入すればいいのだ。

しかし実際に本をたくさん読んでいる人たちはそんなふうにシステマティックに読んでいるわけではない。ただ、手あたりしだいに読んでいるだけなのだ。そこから自分なりの読書の目というものが自然に生まれてくる。

もう一つ、本選びに偏りが生じてしまう原因はわたしたちの偏見にある。

たとえば、「宗教はフィクションとしてもくだらないし紛争を起こすものだから」という理由から宗教聖典や関連書をあえて読まないのならば、世界の多くの重要な書物やその思想をまるで理解できなくなるだろう。実際、唯物論者《ゆいぶつろんじゃ》ですらキリスト教などの影響を濃く受けているからだ。

また、その著作者の生き方や死に方を好まないから読まないということも往々にして見られる偏見だ。たとえば、ニーチェが晩年に〝狂人〟として死んだという事実から推量して、その思想も狂っているはずだということにはならない。

著者の疾病や人生の一部と、その著作の価値は直接的には結びつかない。そんなあたりまえのこともわからないのならば、本を読んでも得るところは何もないだろう。

# 「何度も読み返して学べる本」はココを見ればわかる！

## 娯楽の読書も無駄にはならない

書店では、入口からすぐの場所の棚や台に、つまりよく目立つ場所に、ベストセラーや話題の書籍がこれでもかといった感じで陳列されている。

娯楽《ごらく》のための本がよく売れるというのは、現代だけに限られた傾向ではない。大正時代、明治時代どころか江戸時代でも、一般庶民に多く読まれたのは娯楽本だった。当時の娯楽物の本は滑稽本《こっけいぼん》とか人情本《にんじょうぼん》と呼ばれ、代表的なものには十返舎一九《じっぺんしゃいっく》の『東海道中膝栗毛《とうかいどうちゅうひざくりげ》』や曲亭馬琴《きょくていばきん》の『南総里見八犬伝《なんそうさとみはっけんでん》』などがあった。

ヨーロッパにおいても、もっともよく読まれるのが娯楽物の本だということは、今も昔も変わりはない。中世の時代から十八世紀まで、多くのヨーロッパ人が騎士物語を読みふけったのである（文字を知らない民衆のためには朗読された）。

ところで、小説、エッセイなどを中心にした書物群を、すべていっしょくたにして安易に「娯楽物」と呼んでいいかどうかはかなり疑問だ。

名探偵が主人公のシリーズになった推理小説などは娯楽物として分類できるが、小説という体裁をとってはいても、グレアム・グリーンのシリアスなノベル群は、映画を観るように気楽に読めるものではないからだ。

グリーンの小説は、読者の良心をじわじわと揺さぶってくる。「きみはいつのまにか偽《にせ》の人生に慣れてしまってはいないかね」と問いかけてくるのだ。

人間への問いかけがある書物は、現代（実は昔もそうではあったが）では「重い」と見られ、駅の売店でもコンビニエンスストアでも売られず、大きな書店の奥のほうの棚の裏にひっそりと並んでいるばかりである。他の世界文学や古典書籍といっしょに。だから小説であっても、暇つぶしの娯楽だとは言いきれなくなる。

その対極にある娯楽のための小説の呼び名で、もっとも適当なものは「読み物」だろう。読み物はいつの時代でももっとも売れて氾濫《はんらん》している書物であるが、一部では低級だと軽んじられがちなたぐいのフィクションでもある。

しかし、肝心の読者にとって、読み物小説は低級ではない。すこぶるおもしろいものとして読まれているのだ。だから、一度病みつきになったら、特定の読み物作家の作品を買い続けて、当分の間は読みあさることになる。

そのときに友人に、

「おいおい、ジョン・ル・カレよりドストエフスキーのほうがずっとおもしろいぜ」

と言われ、だまされたつもりでドストエフスキーをちょっと読んでみても、おもしろいどころか頭痛がしてくるだろう。

この差はどういうことなのだろう。一人はドストエフスキーの小説がおもしろいと言うし、もう一人はジョン・ル・カレの小説のほうが絶対におもしろいと思う。

これは単なる好みの差なのだろうか。それとも教養の差なのだろうか。これまではだいたいこの二つのどちらかの理由でかたづけられてきたが、わたしは別の考えだ。

一般の大衆小説のような読み物がおもしろいというのは、ストーリー展開に魅了されているのである。一方、ドストエフスキーがおもしろいという人は、ストーリーではなく、小説の中の登場人物たちのものの考え方や問題意識のもち方に魅了されているのである。

だから、どちらも小説の要素に魅了されているという点では差がないことになる。

しかし、人間がストーリーに魅了されるのは、人間性として普遍的なことだということを知っておいて損はないだろう。

赤ん坊から幼児の時期に、枕元で母親から童話を聞いてすやすや寝入った経験をもつ人は少なくないと思われる。それは現代だけの特別な習慣ではなく、千年も二千年もの昔から、人間はそういうふうにストーリーを聞いて安心してきたのである。

昔話というのがその典型で、祖父や祖母が囲炉裏端《いろりばた》で語ってきたものである。何度同じ話をしても、小さな子供たちは聞き入るのだ。知っているストーリーであっても、それがきちんとたどられることに安心する。

こうして昔話の基本ストーリーは、不変のまま伝わっているのだ。そうでなければ、桃太郎は鬼ヶ島の鬼を退治できずに道に迷って餓死する、という筋になっていたかもしれない。

## 原因があって結果がある——それが脳を刺激する！

ストーリーが人間に染み込みやすいというのは、たぶん脳の構造がストーリーを受け入れやすくなっているからなのだろう。

ストーリーだと覚えやすいという人間の性質を利用しているものの一つは、記憶法であろう。何の関係性もない単語を順番に羅列してもらい、それを番号といっしょに覚えて再現するという記憶法のことだ。

たとえば、

①眼鏡　②ラジオ　③ダルマ　④競馬　⑤新聞配達　⑥携帯電話　⑦スパゲティ

⑧登校拒否　⑨住宅展示場

というふうに、物の名前や事柄をばらばらに並べてもらう。

これを暗記するときは、次のように強引にストーリーをつくってしまうと覚えやすい。すなわち、「眼鏡をかけたラジオがダルマといっしょに競馬に行ったら新聞配達人に出会い、彼は携帯電話をもっていた。しかし、その口にはスパゲティが入っていて、去年までは登校拒否で住宅展示場で遊んでいた」というふうにするのだ。

暗記法のコツは単語を単独で覚えるのではなく、流れの中に乗せてしまうことなのだ。その流れとはもちろんストーリーのことである。

しかし、ストーリーをもった文章ならば頭に入りやすいのに、どうして高校の日本史の教科書などは退屈で覚えにくいのだろうか。たとえば、教科書にありがちの、次のような記述である。

六世紀末に、蘇我馬子《そがのうまこ》は物部守屋《もののべのもりや》をほろぼし、政権を独占した。五九二年、蘇我馬子は崇峻《すしゅん》天皇と対立し、天皇を暗殺した。かわって即位した女帝の推古《すいこ》天皇は、翌年、甥《おい》の厩戸皇子《うまやどのみこ》（聖徳太子）を摂政《せっしょう》として天皇にかわって政務を行わせた。

この文章は、ストーリーになっているように見えるだけでストーリーになってはいない。行動の動機がまるで書かれていないからだ。ほろぼしたり対立したりで忙しいようだが、その理由がこの文章にはまるっきり欠けているのだ。

蘇我馬子という人はなんらかの理由で天皇と対立したのだろうが、その理由も書かれていなければ、どういうふうに暗殺したのかも書かれていない。一人で暗殺したのか、誰かを刺客にしたのかさえ不明だ。

馬子が天皇を殺したのに、どうして別の女帝が天皇になったのかもわからない。そして、なぜ甥の聖徳太子が摂政となったのかもわからない。他の親戚じゃだめだったのか。

そういった理由は教室でくわしく教えるという前提にした上での教科書だとしたら、事項を年代順に並べればすむことだろう。無理に文章にすることはない。

教科書のこの文章は、学ぶべきとされている歴史事項を機械的につなげているだけなのだ。読んで理解してもらうことを前提にした文章ではない。

だとしても、こんな文章の教科書でも日本史で百点をとれる生徒が現に何人もいるではないかと言うのなら、それは事情を知らない人だ。日本史のできる生徒は、教科書だけで理解したのではない。ストーリーを支える行動の理由をちゃんと書いた一般向けの歴史の本を読んだり、話を聞いたりして、理解しているのである。

ストーリーは事件の生起を順番に並べただけの文章のことではない。なぜそうなったかという理由、原因と結果が結ばれて書かれたものなのだ。つまりストーリーとは、切断されていない「流れ」のことなのである。

結果だけポンと提出されても、人間はすぐには理解できない。小さな子供にしても「どうして？　なぜ？」と理由をたずねてくる。その「なぜ」がわからないと、子供の中でストーリーという「流れ」ができないからなのだ。

この、流れが見える、あるいは、流れに乗る、ということが、人間には快感となる。根強い人気があるロールプレイングゲームも、この〝ストーリー快感〟を応用したものだ。主人公のキャラクターが敵を倒すごとに成長するという楽しみもあるが、やはり背後には、一連の流れが強く貫かれているのだ。

山登りにしても似たようなものだろう。山頂に早く達することだけが目的ならば、へリコプターで飛んでいって山頂に降り立てばいいのだ。山登りのための下準備、体調や日程の調整、そして出発してから山頂までのすべての過程を一つずつ自分の足で踏んでいくということが、山登りの流れとして快感になっているのだ。

この「流れ」の観点から考え直せば、おとしめる意味で娯楽小説と呼ばれる読み物小説を読むのが好きでたまらない人を、低級だとは言えないとわかる。人間として最初からもっているストーリーへの快感を、読むことで満足させているだけだからだ。

五十年以上にわたって執筆活動をしている西村京太郎氏の一連の鉄道物推理小説が多く読まれているが、彼の小説は典型的な読み物である。おそらく西村氏の意図なのだろうが、彼の売れている作品はストーリーだけを際立たせたものになっている。

情景描写が極端に少なく、人物の性格描写にも筆をはぶいている。ただ殺人事件が起こり、刑事らが動き、いくつかの矛盾から犯人が特定され、最後に殺人の理由が明かされるだけである。深い感動があるわけでもない。

それだけでも、彼の読者にとってはちょうどいいのだ。くり返すことになるが、ストーリーという流れを単純に追ってみたいという人間的な根本の快感にひたれるからである。

## 「読書の達人」はどんな本を選んでいるか

では、ストーリーを売り物にしていない小説を好む人、あるいは以前はストーリー小説ばかり読んでいたが、今では古典小説ばかりを読む人の読書はどうなっているのだろうか。

彼らはいわゆる「読書家」と呼ばれる人々であろう。かつて多くの本を読んだおかげで、ストーリーパターンのほとんどを知って飽きたらなくなり、そのため現在では、ストーリー以外のところをおもしろがるようになっている脱ストーリー派である。

脱ストーリー派はいろいろなものを読み取って楽しむ。たとえば、文章表現そのものを味わうために小説を読む人がいる。

こう書いてわからなければ、映画をノベライズした読み物の文章と次に掲げる泉《いずみ》鏡花《きょうか》の文章を比べてみればわかるだろう。スズメの描写の文章である。

時とすると、塀の上に、いま睦《むつ》まじく二羽ついばんでいたと思う。その一羽が、忽然《こつねん》として姿を隠す。飛びもしないのに、おやおやと人間の目にも隠れるのを、……こう捜すと、いまいた塀の笠木《かさぎ》の、すぐ裏へ、頭を揉込むようにして縦に附着《くっつ》いているのである。脚がかりもないのに巧みなもので。――そうすると、見失った友の一羽が、怪訝《けげん》な様子で、チチと鳴き鳴き、其処《そこ》らを覗《のぞ》くが、その笠木のちょっとした出《で》っ張《ぱ》りの咽《のど》に、頭が附着いているのだから、どっちを覗いても、上からでは目に附かない。チチッ、チチッと少時《しばらく》捜して、パッと枇杷《びわ》の樹へ飛んで帰ると、そのあとで、密《そ》っと頭を半分出してきょろきょろと見ながら、嬉しそうに、羽を揺すって後から颯《さ》っと飛んで行く。……惟《おも》うに、人の子のするかくれんぼである。

『二、三羽――十二、三羽』

泉鏡花が「文章の魔術師」と呼ばれているのも、これでわかるだろう。二羽のスズメが庭先で遊んでいる様子を書いているのだが、文章を読んで理解して頭に映像を形成しているという手続きに気づかないほどリアリティに満ちている。ただ、スズメの遊ぶ様子が読者にはっきりと見えてくるのだ。

映像表現のほうが文章表現よりもインパクトが強いと言われているけれども、こういう文章を読むと、映像などオハナシにならないではないかと思わせる。
趣味人が気に入った絵画や陶器を応接間や書斎に飾って飽きずに眺めるように、文章芸術に魅了されている人は名文を何度も読んで飽きることがないのである。これはまさしく鑑賞の態度だ。ストーリーがどうであれ、主に表現だけが味わわれるのだ。

こういうふうに文章表現だけを純粋に味わおうとする読者の他に、小説に描かれている事柄を一種の社会事象のように取り扱って、現代の深層を読み取ろうとする人もいる。社会学者や心理学者のタイプであろう。
また一方では、小説を人生の練習として読む人もいる。つまり、どう生きればいいのかを学ぼうとする態度だ。

他にもいろいろ読書のタイプがあるだろうが、これら脱ストーリー型の読み方をする人が選ぶ書物は、決してと言っていいほど読み物小説ではないというのが特徴である。なぜならば、「読み物小説」においてストーリー以外の要素は二の次として扱われているからだ。

そのため、脱ストーリー型の読み方をする人は、たまには気晴らしに読み物小説を手にすることができる。人間としてのストーリー快感を失っているわけではないからだ。

ところが、読み物小説ばかりにふける人は、いわゆる世界文学や古典を読むことがきわめて少ないのだ。教養書と呼ばれているものを読めば頭が痛くなるし、社会問題をテーマにした書物を読むことすらない。

それどころか、彼らは新聞の三面記事に目を通すことはあっても、社説は読まない。理由を聞くと「おもしろくないから」と言う。おもしろくないのは、主人公がストーリーにあやつられて進むという流れがないからだ。

本当は論理の流れというものが含まれているのだが、それは頭でつかまえる流れなのだ。読み物小説ばかりにふける人々は、耳でつかまえる流れだけに敏感になっているにすぎないのだ。

## 感覚で読む本、思考で読む本

この事情はもっともなことで、実は小説の発生にその理由が隠されている。

小説の土台となる物語が生まれたのは中世ヨーロッパだ。しかし、現代のように個々人が読むのではなく、字の読めないほとんどの庶民に向かって朗読されるために書かれたのだった。

年齢や人生経験の異なる多くの人がいっせいに聞くのであるから、考えてようやく理解できるようなものではいけない。だから、すぐにわかり、誰もが続きを聞きたがるような起伏に富んだストーリーでなければならなかったのだ。もちろん、難しい表現も避けられた。

耳で聞いてわかるものとなると、善《よ》い人間が悪者をこらしめるストーリー、愛しあう二人が妨害を克服して結ばれるというストーリー、というふうに屈折のあまりないものになるのは当然のことだったのだ。

この条件は、現代の読み物小説にも十分にあてはまり、聞いてわかるほどの読み物小説ばかりにふける人々が主題について論を張っている書物を読みたがらないのは、頭で読む方法を知らないだけにすぎないわけだ。

現代では、書物は黙読するのがふつうだと思われている。ところが、日本でも明治の頃までは音読するのがあたりまえの読み方であった。

しかも、現代人でも読み物小説を読むときは音読しているのだ。実際に発声する音読ではなく、自分の耳にのみ聞こえるような音読である。

このことは、次のような文章を黙読して実験してみることができる。

……さっき背中を撃った男がこちらを見ていた。シュガーはホテルと郡庁舎のほうを見た。高い椰子の木立がある。それから男を見た。男のまわりの血溜まりが徐々に広がっていく。助けてくれ、と男は言った。シュガーは拳銃をズボンの縁から抜いた。男の眼を覗きこんだ。男は眼をそむけた。

おれを見ろ、とシュガーは言った。

男は見たがまた眼をそらした。

おまえ英語がわかるか？

ああ。

眼をそらすな。おれを見るんだ。

男はシュガーを見た。周囲の青白い新たな陽の光を見た。シュガーは男の額を撃ちじっと男を見つめた。眼の毛細血管が破れるのを見た。薄れていく光。その失われていく世界の中で衰えていく自分の映像を見つめた。シュガーは拳銃をズボンの縁に差してもう一度通りを振り返った。

（コーマック・マッカーシー『血と暴力の国』黒原敏行訳）


黙読であっても、こういう文章を読んでいるときは自分の耳にはシュガーや撃たれて倒れている男の低い声が聞こえているのである。それどころか、風の音、擦《す》れる音、響きの少ない発射音まで聞こえている。

現実に読んでいるのは印刷された文字記号にすぎない。その文字にはいちいちの音や声の説明もない。にもかかわらず、わたしたちは読みながら音や声が実際に聞こえているかのように感じるのだ。これが、「耳で聞いて理解する」ということである。

反対に、論を張る書物の文章は、耳で聞いて理解できるものではない。たとえば、次のような小林秀雄の有名なエッセイ、『考えるヒント』の文章だ。

宣長《のりなが》は、「歌は言辞《げんじ》の道なり」と言う。歌は言葉の働きの根本の法則をおのずから明かしている、という意味である。彼が歌で言葉を第一とする理由は、歌は情を述べるもので、先《ま》ず情があって詞《し》があるには違いないが、詞は求めて得るもの、情は求めずとも自然にあるもの、と考えたからだ。

これを発声して音読したとしても、一回だけではとうていわからない。二回音読しても、わかりにくい。やはり、字を直接に自分で読み、頭で考えながら論をたどらなければ、理解にはいたらないのだ。

もっとも、そういうふうに読まれることを前提にしてこの文章は書かれている。というのも、耳で聞いただけではすぐに意味がとれない発音になる言葉、すなわち「言辞」「詞」を記しているからだ。耳で聞いただけでは「ゲンジ」は源氏、「シ」は死と誤解され、全体としてまったく意味がとれない文章になってしまうだろう。

しかしさきほどのマッカーシーの文章は、耳で聞かれても簡単に全体がわかる文章で組み立てられているのだ。

近年、小説やライトノベルを書く人に向けて「音読推敲《すいこう》（実際に声に出して音読しながら、自分の書いた文章や表現を見直すこと）」を勧めている文章講座もあるという。それだけ、「耳で聞く」ことは重視されているといえるだろう。

## まずは、こんな本を選びなさい！

こうしてみると、書物はどういう種類に分けられるべきだろうか。

清水幾太郎《いくたろう》は著書『本はどう読むか』の中でこう書いている。

書物には、三つの種類がある。第一は、実用書、第二は、娯楽書、第三は、教養書。

こう断定して書かれると、つい「なるほど」と思ってしまいがちだが、これでは書物の形態だけから見た分類にすぎない。書店の本棚の配列のままなのだ。

しかし、書物はそれ自体で完結しているわけではない。人間が関わって、つまり読まれてはじめて書物ではないか。読まれない書物は、紙の堆積《たいせき》でしかないだろう。

したがって、個々人がどう読むかによって、書物は種類を変える。

たとえば、緻密な取材で描かれた犯罪小説は、形態的には娯楽書だが、これから完全犯罪を行なおうと考えている人にとっては犯罪手口の実用書となるのだ。また、教養書は、教師、学生、研究者、著述を目指す人にとっては実用書として読まれてあたりまえのことだ。碩学《せきがく》といわれるような学問が広く深い人にとっては、教養書すら娯楽書として読まれるだろう。

こういうふうに読まれ方に鑑《かんが》みた場合、書物は簡単に分類などできなくなる。それでもなお、書物はたった二つに大別できる。それは、耳でわかる書物と、頭で考えて理解される書物の二種類である。

すると、読む技術が必要となるのは、耳でわかる書物を読む場合ではない。頭で考えなければわからないような書物を読む場合であるということになる。

# 「新しいことを知りたければ古典を読みなさい」

## 題材が新しくても視点が新しいとは限らない

思考力を育てるためでも、そうではなくても、「どんな本を読んだらいいのか」と訊かれたら、返答は決まっている。古典を読め。これだけだ。

また、「もっとも新しいことを知るにはどうすればいいのか」という質問への返答も決まっている。やはり、古典を読め、である。

最新号の雑誌には、新しいニュース、新しい流行、新しい事象が書かれている。しかし、それを見つめている解説者や記者やライターの視点は、古くさくありきたりのものだ。

したがって、雑誌は取り扱っている対象が最新のものであるにもかかわらず、それに対するコメントはまったく新しくない。だから、そういうものをいつも読んでいると、わたしたちのものの見方もまた、伝染されて陳腐なものになる。

陳腐なものの見方とは、いつも同じ角度や基準からしか事象を見ていない世間的なものだということだ。全員がその角度から事象を見ているわけだから、彼らのコメントや評価は一致するわけだ。


ところで、ものの見方を変える方法には、二つある。

一つは、今まで保持してきた自分の習慣をすべて変えてしまうということだ。住居も仕事も食生活も生活時間帯も嗜好も考え方もすべて変えてしまえば、ものの見方はがらりと変わってくる。

もう一つの方法は、習慣をすべて変えるよりも簡単なことで、それはやはり、古典と呼ばれている書物を自分で読むことである。

古典には、分厚い、退屈、難しい、カビくさい、読みづらい、といったイメージがつきまとう。確かにこのイメージは、あながちまとはずれではない。

多くの古典は分厚いものだし、翻訳はうんざりするほど下手で読みづらいし、辞書や地図を引かなければわからないような言葉がたくさん出てくるし、えんえんと終わらず、どこがクライマックスなのか見当もつかない。

しかしもし、一冊の古典を我慢し続けて読んでみた日には、唖然《あぜん》とするはずだ。古典がどれほど濃い内容と鋭い視点で世界をとらえているかを知って、驚くに違いない。

思わず、「古くさいものの見方をしていたのは、われわれ現代人のほうではないか」と叫ばずにはいられないだろう。

## なぜ「クリエイティブな人」ほど古典をよく読んでいるのか

古典を読むという態度は、現実逃避の態度とはするどく対立した位置にある。

まず、古典というめんどうくさくて時間のかかるものを相手にしなければならない。これだけでも気力と体力が必要である。

さらに、ある程度の集中力をもって対しなければ、すぐに意味がわからなくなる。そうしてようやく読んでいるものはと言えば、いい気分にさせてくれるファンタジーではない。現実よりもさらに現実的な事柄なのだ。その重い手応えはまるで重労働に似ている。まさに、もう一つの人生を生きているかのようである。

そして、友人に古典を読んでいることを明かしても、怪訝な顔をされるだけだ。

「なんだい、その本。最近の外国文学かい?」

「いや、十九世紀の本だけど」

「おいおい、どうするんだよ。もう二十一世紀だってのに、そんな古本屋にあるようなの読んでさ。動画がいくらでも手に入る時代だぜ。時代に乗り遅れたいのかい?」

というわけである。

この友人は明らかに、人間は進歩し、時代は進化していくというありきたりの固定観念をもっている。なぜならば、目の前をめまぐるしく変化していく商品の群ればかりを見ていて、ちっとも古典を知らないからだ。

人間の進歩と時代の進化といったものが本当にあるのかどうかは、誰も証明できない。宝石がさまざまに色の輝きを変えるように、ただ同じ場所での変化があるだけかもしれない。実態は少しも変化していない。色だけが変わっているのかもしれない。

このように考えるのも、わたしがキケロの『老境について』という本を読んだことがあるからなのだ。これも古典であり、十九世紀どころか、紀元前の四五年頃に古代ローマで書かれたものである。

キケロはこの書物の中で、人が老いることについて考え、老いを重荷としてではなく、一種の実りとして背負っていくことを教えている。

だから、今から二千年以上前の古代ローマの人々の老境に対する思いをも、わたしたちは同時に知ることができる。

たとえば、その第十九章（吉田正通訳）にはこうある。

死後わしが不幸でないか、あるひは幸福にならうかといふことに、どうして不安を覚えなくてはならぬのか。とはいへ、人がどれほど若年であるからというて、自分は日暮れになつても生きてをるだらうと信じきつてゐるほどに愚かなものがあらうか。

キケロがこういうふうに書いているということは、紀元前五〇年頃の一般の人々は、死後に自分がどうなるかということに不安を覚えていたし、若い人たちは、自分はまだ死なないと漠然と確信していたことを示している。

こういう古典を読むことによって最初に気づくのは、時代の先端にいるはずのわたしたちの考えが、いかに陳腐なものであるかということだ。わたしたちの考えは、すでにはるか昔からもっと深く広く考えられているのだ。

このショックが、わたしたちの考える力に効果の高い寄与をすることになる。考えるとはまさしくこういうことだと目を開かせてくれる。

自分にとっての本当の教師とは、そのへんの大学を出たサラリーマン教師ではない、地球上を何百年にもわたって生き続けてきた古典こそが真の教師だと言えるのだ。

そして、古典さえもカバーできなかったようなことこそ、真に新しい考えであることにあらためて気づかなければならない。

ところで、知的に強力で広大な古典に匹敵する、あるいは古典に次ぐような書物が現代にもないわけではない。ただし、それがどれであるかは、自分で読んで選択しなければならない。

誰かが親切にもそういう書物のリストをつくってくれたとしても、それはその人に関わる書物であり、自分にも重要な書物となるとは限らないのである。

## 世界一のベストセラー『聖書』を日本人が読む意味とは?

ところで、西欧文化を深く知るためにも、その根本となっている聖書は読んでおいたほうがいい、とはよく言われることだ。

わたしも確かにその通りだと思いはするけれど、目的が「西欧文化を深く知るため」だと言われると頭をひねってしまう。

その言い方では、わたしたちは東洋文化圏で暮らしているが、地球の反対側の西欧文化圏でのものの考え方を知るために聖書を読むべきだと教えられているように聞こえるのだ。あたかも、「自国の文化に直接は関係のないことだけれど、西欧文化もたくさん流入していることだから、とりあえず教養のために」といった感じなのだ。

そこには、自分たちは一応は東洋の文化、あるいは日本の文化を知っているけれど、その上で西欧文化を理解するためにという含みがある。

しかし、本当にそうなのだろうか。日本独自の文化がどれだけあるのだろうか。多くは、中国、ネパール、インド、朝鮮半島から輸入してきた文化ではないのだろうか。それらも長い間に日本に根づいたのだから日本の文化になったのだとするのならば、日本人の圧倒的多数が葬儀のときに利用する仏教の経典を、わたしたちは一度でも読んだことがあるのだろうか。法華経《ほけきよう》や正法眼蔵《しようぼうげんぞう》を読んだことがあるのだろうか。あるいは、やさしい仏教説話集である『ジャータカ物語』を読んだことがあるのだろうか。どこを歩いても寺や神社がある。日本語の中には仏教から生まれた多くの熟語やことわざがある。それだけでわたしたちは仏教文化の中にいると思いこんでしまっている。だが、もう少し正確に言うならば、仏教文化の香りの中にいるということだろう。仏教文化の香りの中に生きていながら、わたしたちはキリスト教倫理をたくさん用いて価値判断を行なっているのが現状である。

一夫一婦制、婚約、愛情、盗み・殺人・自殺の忌避、法による規制……、これらはみなキリスト教から生まれた概念と価値判断である。日本人の倫理の底流にキリスト教倫理が混じりこんでしまっているのだ。

そういった倫理や道徳の根本にあるのが聖書なのである。にもかかわらず、聖書は日本ではあまり読まれていない。

おそらく、聖書はキリスト教の聖典であるから抹香《まっこう》くさいという先入観があったり、キリスト教徒に対する何かしらの先入観があるのかもしれない。

しかし、やはり聖書自体の読みにくさが、一般に聖書が読まれないということのもっとも大きな理由であろう。たくさんの外国人の名前や見知らぬ地名が出てくるし、舞台そのものが二千年以上前だし、登場人物たちの背景にある風習が現代とはひどく違うから読みにくいのも当然のことだろう。

では、どのようにすれば聖書を一度でも読むことができるのだろうか。

対応はすこぶる簡単だ。身構えたりせずにそのまま読んでしまえばいいのだ。食わず嫌いの食物を口にするときよりもはるかにやさしいことだ。

聖書を読むといっても、たんに知識や教養のためなら最初から最後までがんばって通読する必要はない。新約聖書の中でももっとも短い「マルコによる福音書《ふくいんしょ》」を読むだけで足りるだろう（できれば、その前に旧約の「サムエルの書」〈「サムエル記」〉と「脱出の書」〈「出エジプト記」〉を読むことをおすすめする）。

「マルコによる福音書」に書かれてあることは、突然のように荒野に現われたイエズスが人々を愛して十字架刑に処されて死ぬまでの歴史的記述である。

実際に新約聖書を開いてみたことがある人なら知っているだろうが、新約聖書には歴史書と書簡と預言書が含まれている。歴史書というのは、四つの福音書とイエズスの死後の弟子たちの行動の記録である。

いったん読み始めるだけで、聖書は説教くさいという先入観はたちまち消えてしまうだろう。聖書が神話ではないこともわかる。実際に後代に意図的に創作されたものでもない。記述されていることの多くが歴史的事実である。

イエズスの死後の弟子たちの行動の記録である「使徒行伝《しとぎょうでん》」はアクション小説のおもむきがあるが、これも事実の記載である。だから歴史地図にも、使徒パウロがいつどこまで旅をしたのかという地図が掲載されている。

聖書にどのようなことが記載されているのかを読んで知っているだけで、文学、音楽、絵画など芸術一般への理解が深くなるのはもちろんだが、やはりいちばん利益になるのは、断片的な知識や経験による想像から生じてくる偏見がぐっと減少するということだろう。

日本語にもなっている「目からウロコが落ちる」という表現は、新約聖書の「使徒行伝」から来ているものだが、「あの聖書とはこういうものだったのか」という驚きは、まさしく目からウロコが落ちるようなショックにも似ているだろう。

聖書の思想は芸術一般に影響を及ぼしているばかりではない。さきほども少し触れたように、世界各国の倫理全般はもちろん、さまざまな思想に強い影響を与えている。つまり、多くの書物を理解するためのもっとも大きなバックボーンになっているのが聖書なのである。だから、知識と教養のために聖書を読んでみるのではなく、世界の多くの知識と教養の土台となっているものとして、聖書を読んでおくのである。

Column

# 電子書籍と紙の書籍

電子書籍にはいくつものメリットがあり、まずは多くの文献に目を通しておかなければならない人、こまぎれの時間を縫って情報や知識を仕入れる必要がある人にとっては、場所を選ばず持ち運びが容易だという点において有利である。

一方で、たくさんの制約もある。最大の弱点である発行点数の少なさは今後改善されていくだろうが、現時点では、電子書籍は読み流すだけの書物と、情報内容を伝達するためだけの書物に向いている。つまり、いちいちページを開いたままにして考える必要がある場合の書物としては使い勝手が悪い。また、テーマに沿って数冊の書物をデスクの上に並べて関連個所を比較するという作業ができない。

そういう特徴からいえば、電子書籍はビジネスマンにとっては便利このうえなく、一方でインスピレーションが降りるのを待ちながら何か新しい発想や考え方を生み出そうと努めている人にとっては、しばし立ちどまって考える余裕を与えてくれ、余白にフリーハンドでの書き入れを許してくれる紙の書籍のほうが便利だといえるだろう。

第4章

あなたの読み方は間違っていないか?

# 人生の充実度がガラリと変わる「本の読み方」

# 「情報と知識——絶対に知っておくべき圧倒的な「差」」

## 本には〝正しい〟読み方と〝誤った〟読み方がある!?

ある一冊の本を二百人に読んでもらって、その感想を書いてもらうとしよう。するると、大多数の人はその本の内容についてずっと書きつらね、最後の数行だけ自分のささやかな感想をつけ加えるだろう。

残りの少数の人は自分の感想だけを書くだろう。さらに一握りの人、一人か二人くらいはその本の内容を批判したり、論のおかしさを指摘するだろう。

それぞれがそれぞれに読み、それぞれの形で書いた感想というのは、実はその本そのものについての感想ではない。読み手であるわたしたちの人生経験、知識量、興味、読解力、現在の状況を通した上での感想なのだ。だから、同じ文章を読んでいながら、ある人にはAという文脈が輝いて見え、別のある人にはBという文脈が重要なことととして記憶に残るのである。

それは、読み手の個性が読書に反映されるということであり、誰の読み方がよくて誰の読み方が悪いということは一概に言えないし、比較をしたり点数をつけることでもない。各人で身長や視力が異なるのと同じだ。

だのに、学校の教師は読書感想文に点数をつけるという不思議なことを行なっている。そんなことをするから、生徒は読書を毛嫌いするようになる。今の時点における自分の理解に点数などつけられることは、自尊心を傷つけることだからだ。

この年齢ならばこの程度のレベルの理解をしなければならないという尺度を、教師らや教育機関はもっているのだろう。その尺度にどういう意味と根拠があるのか、たぶん彼らは一度も自分の頭で考えたことがないだろう。

本はどう読んでも構わないはずだ。いつ読んでもいいし、読まなくてもいい。読書はその人のものだ。ただ、まったく何の本も読まないよりは読んだほうがいろいろと得をすることにはなる。柔軟な知性がビジネスでいよいよ有用になっている現代にあっては、その差はかなりめざましいものになるだろう。

ところで、読書をせずにインターネットなどのメディアからの情報を本の代用とすることは可能だろうか。可能かもしれない。

しかし、それらに本の代替物としての効果は期待できない。なぜならば、書物というものからしか得られない〝栄養素〟が欠落しているからだ。

本からしか得られない栄養とは何か。その名称はないが、わたしたちの生き方を育てる栄養といえばよいだろうか。あるいは、人を子供から大人へと変える栄養。

その栄養がなければ、パソコンやスマホにどっぷりはまった人の子供っぽさや愚かさと同じになってしまうほど、わたしたちに必須な栄養だ。たぶん、その一部はネットが広く使われる前までは教養という名称で大雑把に理解されていただろう。

## 本とマス・メディア――この差が埋まることはない

どうして本を読む時間よりも、テレビやインターネットニュースなどのマス・メディアに目を向ける時間のほうがはるかに多いのだろうか。それは、テレビやネットなどのメディアもまた一種の判断材料を与えてくれるからなのである。

テレビは、まとまった時間内に、あるテーマについての情報と意見を教えてくれる。しかも映像つきであるから臨場感があり、イメージとしてはっきりしている。必要な統計、資料さえもフリップ（文字や図を書いた板）で示してくれる。中学生以上ならほとんど理解できるように構成されている。難しい用語があれば説明してくれ、言い回しもよく練られている。

有名な人物の生涯を四十五分ほどに圧縮して見せてくれるテレビ番組もある。テレビ版の伝記である。あれを観ると、確かにその人物についておおかたのことがわかったような気がするものだ。

ネットの場合はもう少し「能動的」で、自分の知りたいテーマについての情報や意見にアクセスできる。その中でさらに知りたいことがあれば、そこから派生して調べることも容易だ。最近では動画も簡単に手に入るようになったから、臨場感という面でも申し分ない。

テレビやネットは確かにすぐれたメディアであることを認めざるをえない。

しかし、もし世界の書物をすべて燃やし、あらゆる情報をテレビやネットでしか得られないようにしたらどうなるだろうかと思うのだ。ちょっと想像してほしい。

たぶん、多くの人々の頭の内容と口から出る意見は一致し、今とは比べものにならないほどに、政治はやりやすくなることだろう。

なぜか。テレビもネットも、判断の材料ではなく、制作者側の判断そのものを伝えるという特徴をもっているからなのだ。個々のテレビ番組やサイトは、情報のパッケージであると同時に、判断のパッケージとして存在するのだ。

メディアから得た情報を、友達との間で話題にすることがある。そのとき、メディアが与えた判断そのものをも口にしていることが多い。相手が不審げに、

「そうだとは思わないけどなあ」

と反発すると、

「だって、テレビでそう言ってたわよ、ちゃんと」

といった具合になる。


テレビやネットは多くの人に同じ情報を発信しているから、その裏づけもきちんとしており、友人の考えや判断よりは信頼性が高いと信じこまれているのだ。

テレビが判断までをも発信している顕著な例としては、特定のレストランや旅館の紹介がある。タレントがどこかのレストランで食事をして、「おいしい」を連発する。すると、翌日にはそのレストランに行列ができるわけだ。

また、タレントでもない不特定の誰かの口コミが掲載されるだけでそこに殺到する人がいる、という事実から、ネットにおいてはさらにその敷居は下がったといえる。

味覚は万人とも同じではない。好みや体調によっても大きく左右される。温度や湿度も関係する。ふだんはそのことがわかっているはずなのに、テレビや口コミで誰かが美味だと判断すれば、それを自動的に自分の判断にしてしまうのである。

マス・メディアの判断は味覚だけではない。あらゆる出来事や歴史上の事柄に対しても、何らかの判断をして、そのまま何百万人という視聴者に渡している。受け取るほうにとっては楽である。情報の他に判断までパッケージングされているのだから、自分で考える手間がいっさい省けてしまうわけだ。

こう書いてしまうと、マス・メディアがひどい悪者のように思えてしまうかもしれないが、そうではない。娯楽装置としては、すこぶる簡便なものであることに変わりはない。情報と判断を一挙に与えてくる特徴をもってはいるが、その判断を自分のものと錯覚してしまうか保留するかは、要するに受け取り手の問題なのだ。

## 「情報」をいくら集めても「知識」は超えられない

ところで、ここまでわたしは「マス・メディアは情報を与えてくれる」と書いた。「マス・メディアは知識を与えてくれる」とは書かなかった。情報と知識の差をはっきりさせたいからだ。

たとえてみれば、情報は自動販売機から出てくるオレンジ色の清涼飲料水だ。オレンジと書いてあっても、本当のオレンジ果汁が実際にどの程度入っているかが目には見えない飲み物だ。

知識は自分の手で絞ったオレンジ果汁である。自動販売機では売られていない。精製されていないから、自分の汗やほこりが入っている。しかし、飲みごたえがある。

こんな下手なたとえではわかりにくいだろうから、もう少し説明しよう。

情報は要するにインフォメーションだ。

大きなデパートに足を踏み入れると、入口近くに案内コーナーがあり、微笑みを十分に練習した若い女性が、紳士服売場は四階にあることをきれいな発音で教えてくれる。しかし、その階にわたしに似合う柄の洋服があるかどうかまでは教えてくれない。

これが、情報（インフォメーション）の一特徴なのだ。

情報の特徴は他にもある。深い理由を伝えてくれないのも特徴である。

それを如実に表わしているのが、株価の判断ではないだろうか。ラジオやネットを使えば、どの企業の株が上がっているかという情報を手に入れることができる。

しかし、どうしてその企業の株が上がっているかという理由は教えてくれない。なぜなら、それはデパートの案内嬢が教えてくれる情報と同質のものだからだ。

株が上がる理由は、単純に商品がヒットしたというものの他に、外国での紛争、政権の交替や争い、事故・天災、要人の死亡、等々、いろいろなことがある。

そのどれがどんなふうに連鎖して株価に影響するかということは、事前に情報としては知らされないのである。すなわち、情報だけでは株で儲けられないのだ。

株の実際の動きがどうなるかという、もっとも肝心なことは、すでに情報の次元にあるものではない。それは情報ではなく、知恵、経験、推論、洞察などを含んだ知識なのだ。

ここで情報と知識の差がはっきりしてきたと思う。情報をせんじつめると看板になる。知識をせんじつめると知恵になる。

## 「他人の思考回路をたどる」ことは脳の快感

さらに情報と知識を分けるもっと大きな違いがある。それは、情報は非人称的であり、知識は人称的だということだ。簡単に言い換えれば、情報は個人に属することは

どんな情報（看板）も、いつかは必ず古くなる

なく、反対に知識は個人に属する。

たとえば「政府筋の情報」とは言うことができるが、「織田信長の情報」と言うことはできない。ふつう「織田信長の情報」と表現した場合は、織田信長に関する情報のことであり、織田信長という個人から発信された情報という意味にはならないのだ。知識については「政府筋の知識」と表現することはできない。しかし「総理の知識」と言うことはできる。知識は個人に属するものだからである。「彼の知識」とか「わたしの知識によれば」といった表現もできる。

先の株の例をもう一度使えば、株についての知識は個々人で異なる。まったく同じということはない。すると、株の値上がりの見通しも異なることになるわけだ。知識が自分の手で絞った果汁だというのは、そういうことである。

情報は、誰でも何らかの操作をすれば同一のものが得られる。自動販売機は売り切れるまで同じ缶を出してくるし、デパートの案内嬢はいつも同じ階を示してくれる。情報は質も量も安定しているのである。

ところが知識は、情報のような均一の素材ではない。むしろ、個々のデータをどう結んでいるかということが知識なのだ。手が加わったものなのだ。

よって、知識はデータとしてコンピュータに保存しておくことができない。結びつきを単語や数字に還元することがそもそも不可能だからだ。

書物の知識とはページの中に書かれている情報のことではない。個々の書物がもっている知識とは、その中に書かれている事柄を著者がどう結んでいるかということなのだ。それは、技術が進んだ現代にあってもなお、文章という古典的な形でしか表現できないものなのだ。

そして、読書をするということは、著者のやり方による事柄の結びつけ方を自分の中でシミュレーションしてみることなのである。

だから、「読書をすれば頭がよくなる」というのは根拠のないことではない。どんな本を読むかは問題だが、すぐれた本を読めば頭がよくなるのは自然なことである。

それは、先に述べたように、事柄の結びつけ方に関して多くの見本を知ることになるからである。それが知識というものの本質なのだ。

一般に「知識が多い」というと、江戸幕府の成立が一六〇三年であるとか、銀の元素記号はAgであるとかいった事項を豊富に知っていることだと思われている。だとすれば、大学入試のために十分勉強した高校三年生こそ、知識の豊富な人であることになるわけだ。そういう彼らはしかし、歩く小百科事典のようなものであるにすぎない。テストのような形式で質問すれば、機械的に答えるだけである。けれども、百科事典よりは劣っている。事項の記憶が時間とともに急速に減っていくからである。

事項をたくさん記憶していることと、知識があることは根本から違うし、似てもいない。「知識がある」とは事柄の結びつきのバリエーションをよく知っていて、自分でそれを実生活において自由自在に応用できるということだ。

これを読書は促進するのだ。

けれども、どんな本をどう読んでも有効な知識が身につくというわけではない。人をだますような本をたくさん読めば、自然と偏った考えと飛躍した論理を正しいと思う人間になってしまうだけだ。

そういったつまらない愚を犯さないように、また、できるだけ効率よく知識を身につけて自分の考えの幅を広くするために、読書にも基本的な方法論があるわけだ。

# 「主旨・結論をすばやくつかむ読解法」

## 最初におさえるべき三つのポイント

本に書かれていることを頭から信じてしまわないようにするにはどうしたらいいのか。難しいことではない。書物を観察するように読めばいいのだ。

その本が魅力的であるほどについのめり込んでしまうものだが、それが小説などの洗練された文芸を読む場合であれば、まさに読書の醍醐味《だいごみ》となる。

けれども、なんらかの目的をもって読書をするときに対象となる書物は、おおむね論の展開を中心とするものであり、やがてそこから自分で考えていくための資料のほんの一部なのだから、のめり込んで酔ってしまうことは禁物である。

書物と自分の間に距離をとり、他人の考えを観察する態度で読むことが必要になってくる。他人の喧嘩《けんか》や悩みがはたから見ればひどく単純に思われるように、書物に何が書かれているかは、冷静な頭で判断しなければならない。

大事なのは、書物の主張が何であるかを正確に把握することだ。書物の主張とは、著者がもっとも訴えようとしていることである。他の部分に興味を引かれることがあっても、これだけは冷静に押さえておかなければならない。そうでなければ、いったい何の書物であったのか理解できなくなる。

それを押さえたら、今度はその結論や主張を支えている根拠を押さえる。その次は、根拠の前提となっているものを押さえる。読書において重要なのは、この三つを押さえておくことと言える。

①書物の主張、あるいは結論が何であるかをはっきりと知る。
②その主張や結論を導いた根拠を押さえる。

③その根拠の前提となっているものが何かを押さえる。

最初はどんなに難しそうに見えていた書物でも、この三つさえはっきりさせることができれば、とても簡単な書物に見えてくる。そして、この三つを知ってようやく「一冊の書物を読んだ」ということになるのだ。

さて、この三つを押さえるために書物を読み返してみても、どれかが見つからないということが少なからずある。

結論がはっきりしていない本というものが実際にある。また、根拠が欠落していて、主張ばかりが何度も表現を変えてくり返される書物も多い。根拠の前提が曖昧な本もある。

そういうふうに三つの組み立てを欠いている書物は、まずまともに信頼できるものではないと言える。それがわかるだけでも収穫だ。

だから、ちゃんと意識的にこの三つの組み立てを押さえておかなければ、書物の信頼性の判断もできなくなるわけだ。この三つの組み立てをはっきりさせないのならば、読書は漫然とした時間つぶしにしかならないし、ずっと忘れやすくなってしまう。

一冊の書物を支えている前提を調べるのは一見難しいことに思われるが、やってみればそうでもないとわかる。つまり、著者の論がよって立つ足場にあるものを見ればいいのだ。

どんな書物でも、一から書かれているように見えても、本当はそうではない。すでにある知識と体験の上に重なって書かれているのだ。空中に家を建てることは決してできない。大地の上にのみ建設することが可能である。この大地というのが、本の場合はこの世にすでにある知識と体験なのだ。

その部分を著者が勝手に解釈していないか、曲げて伝えていないか、事実の一側面だけを強調して全体のように見せかけてはいないか、ということを見るのが前提を調べることなのだ。

特に多くの書物から有効な資料を探さなければならないというときに、前提調査は時間と労力を節約させてくれる。そうして、前提がまともだと思われる残った書物のみを資料として扱えばいいのである。

# 「深く読むためのもっとも大事なルールとは？」

## とにかく読みきること

数時間、もしくは数日、場合によって数週間かけて、一冊の本を通読する。意味がわからなくても、とにかく最初から最後まで読み通す。

この貫徹の経験は多くのことをもたらしてくれる。まずは一冊を読み通したという制覇感だ。この爽快感は、次の本を通読することへと強く背中を押してくれる。

もし、これまでに通読の経験がないのにある一冊の本の内容について知ったかぶりで吹聴するならば、自分に対して一種の欺瞞《ぎまん》感《かん》だけがいつまでも残るだろう。自分がフェイクだという濁った感じをともなった不安と、自分はその本を制覇したのだという充実感との隔たりはあまりにも大きい。

また、通読は主体的な忍耐心をつくってくれる。誰かから導いてもらったり、誰かから強制された忍耐ではなく、自分自身のみを頼りとする忍耐である。この経験は自分に強い自信をもたらしてくれる。

そしてまた、通読は新しい寛容さを自分に植えつけてくれる。なぜならば、ある意味で苦しさのともなう長丁場に耐えたということだからだ。

娯楽の読み物ではない分厚い一冊を最後の一行まで通読することは、性格の強烈な、その言い回しの理解が難しく、最後まで聞かなければ意味が判然としない、さらには相手の考え方を素直に追わなければならないという状況で、ただ一方的に語り続けてくる人の話をずっと聞き続けることとほぼ同じだからだ。

それに耐えることは、相手に対して寛容でなければできるものではない。いや実際には逆で、通読という形でそれに耐えたことで自分に新たな寛容さが生まれ、かつ育まれるのである。この寛容さ、あるいは一種の我慢強さは読書だけではなく、現実の対人関係にも自然に応用できるものになる。

もちろん、いつまで経ってもこの根気強い通読をしなければ一冊の書物が読めないというものではない。しかし若いときは、あるいは学びの初めには分厚くて面倒な書物の通読はどうしても必要となるだろう。

もしそれをしておかなければ、短い一冊であっても本を読みきって理解することがひどく困難な作業になってしまうだろう。その力のなさは、仕事においても、その仕事が知性や理解を必要とするほど、非常に不利な影響をもたらす可能性が高くなる。

一般的には古典を読むことで通読の訓練ができる。

古典はおそらく、現代の書物よりも難しくて意味がとりにくいと感じるだろう。それを軽減したいのだったら、古典に用いられている難解に見える言葉や地名や名称や独特の言い回しや引用や比喩の原型となっている本を最初に読んでおけばいい。翻訳書であれば、それは聖書である。

読みやすそうな本を通読するのは誰にでもできる。その通読は達成感をもたらさない。また、読みやすいということは内容が簡単で常識的だということだから、自分にとっての新しい糧ともなりにくい。

やはり、とっつきにくそうな本、今まで敬遠していた本、タイトルは以前から知っていたものの実際にページを開いたことのない本にチャレンジすべきだ。

しかし、そこには億劫《おっくう》さがつきまとうだろう。あるいは、闇の中で知らない階段に足をかける怖さがある。ならば、少しばかりでもその階段を照らしてやればいい。すると、最初のページが開ける。

そのペンライトの役割をはたすものが、多くは本文のあとに付記されている解説だ。もちろん解説の書き方にもよるが、その解説を読めばその本文内容のだいたいの輪郭《りんかく》が見えてくるものだ。場合によっては、内容をダイジェストにしている解説もある。こういった解説をとりあえずでも読んでおけば、抵抗感がだいぶ薄れてとっつきやすくなる。

## 本一冊がまるまる頭に入る、目の通し方

次にどうしても読んでおかなければならないのは目次だ。本にもよるが、目次は大

雑把な地図のようなものだ。何がどこに書かれているか、どのあたりが論の山場なのか、標識を立てて明確に教えてくれているからだ。

目次の中でことさら興味深い部分、あるいは資料として必要な部分があるならば、そこの章から読んでも構わない。というのも、そういった個人的なきっかけこそ、本を読む気にさせるものなのだから。そして、その後に残りの部分を読んでもいいのだ。

頭で考えなければわからない書物は、起承転結の順に書かれているわけではない。また、物語とは違って、ここがクライマックスだということが文章から簡単に知れるわけでもない。

だから、最初に必要なところ、中心の考えと思われるところだけをつまんで読むのだ。こうして、最初に急所を押さえてしまう。

それは特徴をつかまえるということだ。その特徴ゆえに、その書物が独自であり、他の本と区別されているのだ。

論の中心となっている考えが何であるかわかれば、他の文章がそこを中心に展開していることが容易に納得できるようになる。最初から読むよりも理解しやすくなる。

聖書のように通読だけでもゆうに一カ月以上の時間がかかる分厚い書物、宗教書でも時系列の構成が逆になっているコーラン、カントやフーコーなどの長大な哲学書は、この方法で部分から読んでいくのがふつうのことだ。

それでもなお読むことができないというならば、自分に何が足りないのか気づかなければならない。足りないものが興味の強さなのか、背景知識なのか、たんに根気なのか。もし背景知識が足りないというのなら、それを百科事典やインターネットで調べておく必要が出てくるだろう。

あるいは、読む前にその著者について十分に調べておけば、その際にさまざまな知識が入ってくると同時に、その本への興味も倍加するものだ。興味があれば、相応の根気もついてくるようになる。

## 本は「大切」にするな!?

いわゆる古典は読みにくいと思うのは、事実ではない。自分の気持ち、心理的な抵抗にすぎない。だったら、自分の気持ちを変えればいい。もっとも簡単なその方法は、本を書棚に飾っておかずに居間やキッチンのテーブル上にずっと放置しておくことだ。閉じたままにはしておかず、ぞんざいにページを開いておく。飼い猫が踏んでも気にしない。すると、そのうちに古典の威厳が薄れてきて、開いたページの数文字、数行が目に入り、なんとなく読むことになるだろう。

そうなったら、もう助走が始まっている。からかうような気持ちでソファにでも寝転んで少し続けて読めばいいのだ。その段階になれば、もはや敬遠する気持ちはなくなって、こんな有名な本なのに中身はちっとも偉ぶっていないなという印象をもつだろう。あとは適当に読みやすい箇所からページをめくるだけでいいのだ。

こういった姑息《こそく》な技術を使ってもなお古典は読みづらいというのなら、最初の古典としてアラン（エミール＝オーギュスト・シャルティエ）の『幸福論』はどうだろう。難しい用語はほとんど出てこないし、文章も平易だから、ベッドや飛行機の中で気楽に読める。それでいながらわたしたちの日常的な事柄を出発点として、ものの考え方の新しい視点を与えてくれる市井《しせい》の哲学書だ。

資料や学習テキスト類は、入手からできるだけ早めに全ページを開いて眺めておくと、あとから読みやすくなる。指でページをぱらぱらとめくってみるだけで内容のおおよその見当がつき、抵抗感がぐっと少なくなるからだ。

それをしないと、資料やテキスト類はいつまでたっても不気味なブラックボックスのままでいるしかないだろう。この状況は、おしなべて学習がうまくいかない生徒や資料に対して気分負けして処理の遅い人の特徴だ。なじみのないことをなじみのないままにしておくほど事態はどんどん悪化していく。

要するに、読めるかどうかを決定づけるのは自分の心理だ。そして、読むために必要なものは時間ではない。ちょっとした勇気だ。あるいは、勇気と似ているあつかましさや傲慢《ごうまん》さが必要になる。読書ばかりではなく何を行なうにしても、弱気と怠惰は敗北しか生まない。

# 「どんなに難解でも……著者の主張はこれで見抜ける」

## 重要箇所を見きわめる簡単な法則

一度とにかく通読したものをあらためて読み直すと、最初から構えて一度しか読まないよりも理解はずっと高まる。しかし、二度目の読書は最初のときのように速く読み進める方法はとらない。二度目こそ内容から栄養をとるような態度で読むのだ。

このときに、自分の性癖と戦う場面が出てくるかもしれない。どういう意味かというと、ふだんから瑣末なことが気になってどうしようもない性癖ならば、読書のときもこの癖が顔を出してきて内容把握を邪魔するということだ。

書物を批判するということは、難癖をつけることとは違う。それに、批判はまだこの段階ですることではない。

この段階での第一義は内容をしっかりとつかまえることである。そのためには鉛筆を手にしていたほうがいい。読みながら、大事なところや主張の部分をチェックしたり囲んだりするのである。

そんなことは誰でもやっていると思われるかもしれないが、多くの人がやっているのは、自分で大事だと思ったところに傍線を引いたりする作業である。

ところが、その傍線を引いた部分が、あとになってまったく役立たないのである。なぜならば、〝自分が〟大事だと思うところに傍線を引いたからだ。

正しくは、書物が主旨として記している部分に傍線を引くなり囲んだりしなければならないのだ。

この差を、今道友信《いまみちとものぶ》著『美について』を引用して例示してみよう。

さて、何らかの善を施すということは、道徳に応ずる良心の命令に従って、我慾を捨てなければならないので、自分としては、たしかに、何らかの犠牲を払うことであるから、善は犠牲と結びつくと思う。その払うべき犠牲がきわめて大きくて、規格を脱し、己れ自身が滅びるほども大きいときに、犠牲の羊が大きいという構造の「美」という言葉が出てくるのではないか。なぜなら、正しい心、善い心と比べて美しい心というのは、他人のために己《おの》れの命を捧《ささ》げても悔いないという心だからである。このように見てくると、美は、精神的な価値として、道徳の至上理念である善よりも高いものであると言わなければならない。それゆえ、私の考えでは、美は宗教でいう聖であり、それと等しい高さの理念である。すなわち、美は道徳上の理想的な徳である善よりも上位にあって宗教上の理念的な徳として存在する最高理念である。

このように、前半のほうの二カ所に読者によって傍線が引かれた場合、たぶん、この読者は善について強い興味をもっているのだろう。だから、その部分が目立って重要だと思い、傍線をほどこしたのである。

しかし、例に掲げた文章のもっとも重要なところ、すなわち書物自体の主張は、最後の部分の線で囲んだところなのである。これを主張せんがために前半が書かれているのだ。

論を展開している書物には必ず主旨があり、主張がある。だから、それを表現している文章と、他の構築のための文章とをはっきり見分けなければならない。そのために傍線を引いたりするのである。

ところが、読んでいるうちに別の誘惑、たとえば自分の興味やめずらしいエピソードに目が引かれて、そこに傍線をほどこしてしまうということがしばしば起きるのだ。こんなことでは書物を読んでいることにはならない。

書物の主張とはあまり関係ないけれど気になる文章があるというのなら、傍線のように目立つしるしではなく、カッコで囲むとかしておいたほうがいい。そうでないと、あとでページをめくったときに、どこが何なのかわからなくなるからだ。

書物自身がもっとも強く主張しているところだけを鉛筆の線で囲む。

よく考えて書かれた本ならば、一章中にそんな場所が一〇も二〇もあるわけがない。基本的にはたった一カ所、多くて二カ所でしかない。

すでに一度読んでいるのだから、二回目の読書でのこの作業は容易であるはずだ。

そして、たいがいの場合は、章の後半に要となる文章が記されているのである。だから、全部で七章ある書物ならば主張として囲んだ場所は七カ所くらいになるわけだ。こういうふうにしておくと、記憶が薄れたあとで急いで主旨をつかまなければならないときに、その囲んだ部分だけを探して読むことができる。

## 自分の〝読みグセ〟に流されないチェック法

主旨を囲む他の書き入れは、いくつでも考えられる。

たとえば、主旨の傍証となっている部分の行の上側に横線を引く。

自分で理解していない術語（テクニカルターム）などの横に✔印をつける。

他のページとの関係がある場所には「P.38」などと記す。

意味がどうしてもわからない文章の横には波線をほどこす。

こういった記号の種類は少ないほどいい。また、記号の意味はどの書物に書き入れする場合でも同じくしておかなければならない。

記憶力がいい自分の場合はこのような書き入れをしなくてもいいと思っても、それはその場だけの記憶であって、書き入れはやはりあとから大いに役立つものだ。

書き入れのもう一つの重要な利点は、「明確になる」ということだ。本の特徴も明確になるし、自分の頭の中も明確になる。書き入れは明確にわかったのだという一つの表現としてそこに記されるのである。

以上の基本の他に、論理の流れを書き入れする方法もある。

たとえば、結論のための前提となる文章の行の上部に横線を引き、「1」と記すのだ。同様にそこから論理的に派生した前提には「2」、次の前提には「3」と記す。例証には横線一本ではなく横線二本を引く。

この方法は、書物をたくさん読み、これまで述べた書き入れに慣れてしまえば、自然とできるようになる。しかし高度な書き入れであるから、最初からするのは勧められない。

よほどひどい本でない限り、最後まで読んで相応の書き入れをすることができる。しかし、このときも障害が発生する場合がある。さきほど、〝自分が〟興味ある箇所に傍線を引かないようにと述べたが、似たような書き入れをしてしまうこともあるのだ。

著者が本文で述べている事柄が正しくないとか、事実に合っていないと〝自分が〟思ったときに、告発するような気分でつい傍線などをほどこしてしまうのだ。

読みながらそんなことをやっていると、あとで収拾のつかないことになってしまうだろう。自分の考えが著者以上に正しいとは限らないし、裁判するために読んでいるわけではないからだ。「この著者はこういう考えなのだ」という態度で読まなければ、最後まで達することが困難になる。まず第一に必要なのは、主旨をつかむことであることを忘れてはならない。

## 「のめり込む読書」に待ち構えるワナ

そのためには、読書の際は、書物から二歩ほど引いた態度で臨むことだろう。アツくなったり、のめり込んだりしないのだ。傍観者のような気持ちで読むのである。これは逆に本に読まれてしまうことも防げる。

熱中するほどのめり込んでおもしろさが味わえるのは小説などの話であって、論を展開している本に対しては、まるで仕事のように冷静に読むのがマナーである。そうでなければ、ただ著者の考えと判断に賛同して自分の考えと同じだと誤解してしまうか、あるいは感情的に反対することしかできなくなってしまうからだ。

とにかく、述べられている論の展開を検証したりするのは、全体の主旨をしっかりつかんでしまってからでなければならない。

書き入れをして各章の主旨をすべてチェックしたら、本文で用いられていた術語などの意味を調べて明確にしておく。

用語事典などを引いてわかる場合もあるし、事典の意味を逸脱して、著者独自の意味で使われている場合もある。美とか正義とか善悪という概念について中心的に述べている書物ならば、必ずその概念に新しい意味を与えているはずである。

そして最後に、全体の主旨を一行か二行でまとめて文字にしておく。これは最後のページに記しておくか、最初のページの書名の下にでも記しておく。

さて、以上のことを行なえば、頭で考えなければわからないようになっている理論的な書物の主旨を知って明確にすることができる。

## こんな勘違い、していませんか?

本を読んで主張や主旨をとらえる。これは、その本の主張や主旨に納得することとは異なる。また、その本の主張や主旨に賛成することとも異なる。

論の主張や主旨をとらえることは、書かれていることを醒《さ》めた目で眺めることに似ている。内容を飲みこむことも、内容に肩入れすることもしない。解釈もしない。ただ客観的に論を眺める。何がどう書かれているのかを見ること。

もちろん、どんな本にしてもそれなりに魅力的なものだ。読者の気持ちを誘う力をもっているし、読者に刺戟《しげき》を与える。だから、若いときは一人の著者の論法にぞっこんになってしまうこともあるだろう。

だとしても、やはり冷静に読んで、その本が何を語っているかということをとらえる力を育てておくのは肝心だ。

というのも、この把握する力は人生の多くの場面、たとえば書面に記載されている内容を把握する場合、相手方の言い分の主旨を汲みとる場合、事態がどうなっているか概括《がいかつ》して説明しなければならない場合、自分がいったい何をしているのかをあらためて反省する場合、といったさまざまな場面において大いに役立つものだからだ。

その方法を学校や講習会のような場所で習ったとしても実際にはものにならない。ただ、自己訓練あるのみだ。その訓練としてもっとも簡便で有効なのが、本を読み、主旨をとらえることなのだ。

この訓練はこの程度のレベルまでできれば十分だというものではない。人生においての自分の変化と成長につれて、主旨のとらえ方もまた、変化してくるのが当然だからだ。同一の本を昨年読んだときと今読んだときでも、大きな違いがあるのがふつうだ。

高校までの学校では小論文の主旨を問うテストがしばしば行なわれている。それでいつもいい点数をとっていたからといって、主旨をとらえる力があるわけではない。あの程度の文章はあまりにも短すぎるし、内容や構造が単純だ。もっと長い文章で複雑な論が展開される本の主旨をとらえる力こそが実生活で役立つのだ。その訓練はやはり自分で行なうしかない。

実際的な方法としては、主旨を支える論の文章部分に傍線を引く。その部分が数行にわたる場合は、文字列の上側にアーチを引く。これが基本になる。物書きや論にすぐれた人で、この方法をとらなかった人は皆無であろう。

図書館などで借りてきた本ではこの基礎訓練ができない。自分が働いて得た金で本を買い、読み、傍線を引かなければならない。その意味で費用がかさむ。

しかし幸いなことに、書物は高価なものではない。たった一食分のホテルランチの金額で、いずれ自分の可能性を広げることになるすばらしい本が一冊買える。

# 「何かとセンスのいい人は、行間を読むのがうまい」

## 「読み取り」力が、あなたのコミュニケーションを豊かにする

資本主義経済に自覚なくどっぷりと浸かりきった人は、どんなものについてもそれが何の役に立つか、どれだけ役立つかということを有用性の価値にする。だから、彼らにとって貨幣こそもっとも役立つものとされる。

人間ももちろん、本もまたそういう視線で見られることになる。役立つ本か、役立たない本かという見方だ。したがって、彼らにとってはノウハウ書というものが役立つ本になる。一見して役に立たなそうな本は読まれない。

彼らにとって、古典も小説も時間のかかる娯楽の一つとしてしか役立たないだろう。

哲学なぞは役立たないどころか、手軽な娯楽にもならない。すぐに使える道具の役目をもっていないような書物は紙の束にすぎない。

そういうふうに考える人たちは効率を重んじ、まさしく実利主義だ。彼らはただちに使える便利そうな道具を探して買おうとしているのだ。そして、役立たなくなったら廃棄する。その態度は本に対しても人に対しても同じだ。

彼らのようにして本を読むならば、古典を含め多くの本は必要がなくなるだろう。というのも、書物は今すぐの実務に役立つようなことが書かれていることが少ないからだ。

にもかかわらず、ノウハウ本も含めてどのような本であっても広い意味で必ず役に立つ。ただし、それが役に立つものになるのは、読み手であるわたしたちにある種の洞察力がある場合だけだ。その洞察力とは、具体的には「読み取りの力」のことだ。

読み取りの力の一部はふだんの生活でもわたしたちがしょっちゅう経験している。ただ、気づいていないだけだ。たとえば、次のような二人の会話だ。

「ちょっと暑いね」

「そうですね」

後者は前者の言ったことをただ認めているだけだ。「そうですかね」と後者が返せば、前者の言ったことを疑いつつ否定していることになる。

「ちょっと暑いね」

「窓を開けましょうか」

この受け答えの場合は、後者は前者の言葉の背後にある心理を汲みとって、つまり洞察して、それに応じようとしている。簡単すぎる例だが、ここでなされていることが一種の読み取りなのだ。

では、書かれたものから読み取る場合はどうなるのか。たとえば、『古事記』には次のような文章がある。


豐葦原《とよあしはら》の千秋長五百秋《ちあきのながいほあき》の水穂國《みずほのくに》は、我が御子、正勝吾勝勝速日天忍穂耳命《まさかつあかつかちはやひあめおしほみみのみこと》の知らす國ぞ。（倉野憲司校注）

「豐葦原水穂國」は日本の最古の呼称であり、一般の辞典では「日本の美称」とされている。葦も水穂も湿地帯に群生する植物であるから、この表現においては、国土の水の豊かさが強調されているわけである。

これについて解剖学者の養老孟司氏は著書『身体の文学史』でこう述べている。

『古事記』に「豊葦原水穂国」という有名な表現がある。これは、カラカラに乾燥した、大陸の自然を知る人の表現に違いない。……(中略)……もともと日本という土地に土着していれば、こうした表現で、自分の国土を表すはずがない。そうした自然状況こそが、むしろ前提だからである。

そのような風景を生まれたときからあたりまえのこととして見ているのなら、改めて表現するはずがない、よってこれを記述した人々は、日本とは異なった風土から来た人間であろうと養老孟司氏は推理しているのだが、これが読み取り、あるいは洞察だ。そして、読み取りというこの働き自体が知恵と呼ばれてきたものだ。

これは、古事記をもっぱら研究していた本居宣長《もとおりのりなが》も気づかなかった視点であった。

こういうふうな敏感な感性をもっていれば、文章の中で目立っていない言葉や表現を新しいキイワードとして拾うことも可能になってくるわけだ。

あらゆる表現の底には、まず驚きがあったはずだ。書かれている事柄をたんに受け取るような、漫然とした読書をしているだけならば、こういう発見はなかなかできるものではない。表現の裏にどんな驚きや気持ちがあるのかを感じ取れてはじめて、新しい推理が可能になるのだ。

## この「深い意味」に気づく人、気づかない人

言葉は事物を伝達するだけの記号ではない。

このことを最初にわきまえていないと、読み取る力はつかない。記号ではない言葉を重ねた文章もまた、たんに事物の存在を伝達するための役割をもっているだけではない。言葉や文章は、その中に意味の深さを秘めている。

どの言葉を用いるのか、どういう順番で言葉をつなげるのか、どのくらいの長さの文章にするのか、何を強調して何を省略するのか。

本には、書かれていること以上の「背景」が必ずある

文章を読み取るとは、それらの差を知ることであり、著者が文章のスタイル（文体）で表わしている意向までをもはっきりと知ることである。

この読み取りの力がなければ、文章は誤解されたまま読まれることになる。

ある新聞の一面の下段に毎日掲載されているコラムに次のような文章があった。

「分け入っても分け入っても青い山」種田《たねだ》山頭火《さんとうか》。近郊の山に入れば、ほんとうに緑は深まってくる。／緑の中の、ちょっと黄ばんだひとところ。竹林である。分け入れば竹の落ち葉が垂直にひらひらと降ってくる。

冒頭に紹介されているのは、種田山頭火という放浪僧の有名な俳句である。

そして、この新聞のコラムニストは、この俳句を文字通りに受け取っているのだ。

だからこそ、次に「近郊の山に入れば、ほんとうに緑は深まってくる」と記しているわけだ。このコラムを最後まで読んでみたが、文字通りに受け取るという態度は変わっていない。

もし、俳句が文字通りに受け取っていいものならば、ここに引用された俳句はまったく単純に「いくら分け入っても青い山ばかりだ」という事実を伝えているだけにすぎないことになるだろう。

だとしたら、これは俳句ではないし、種田山頭火は俳人ではないことになるし、この俳句は、当事者以外には読む価値もないほどくだらない報告文だということになる。


しかしながら、「分け入っても分け入っても青い山」は俳句なのだ。なぜならば、この短い文字の連《つら》なりの中に「青い山」という表現が使われているからである。

「青い山」は、放浪する僧・山頭火の前に物理的に存在した。しかし、彼は「緑の山」と詠《よ》むことはしなかった。語呂をよくするためではない。緑色を青と表現する慣習にしたがったからでもない。「青い山」と詠むことによって、心に触れてくるものを表現しようとしたのだ。だから、これは俳句として詠めるのだ。

「青い山」とは「せいざん（青山）」のことであり、これが「骨を埋めるところ」、すなわち「死の場所」を意味することを読み取らなければ、不十分であろう。


つまり、山頭火は、目前に自分の死を見つめながら山中を放浪していたわけである。

その心が、この短い句の中に青々とした山の美しさと二重写しになって表現されている。だから、この俳句は凄絶《せいぜつ》な雰囲気に満ちていることになる。

しかし、使われている言葉の意味を知らなかったり、読み取る力が欠けていると、先のコラムニストのように、文字そのままの意味しか読み取れないようになる。文章に含まれている意味に気づかず、結局は誤って読んでしまうわけだ。

書物は、俳句ほど芸術性がこめられたものではないけれど、やはりある程度の読み取りの力がないと、誤解したまま読んでしまうことになるのは避けられない。

本を読んだけれど、実は理解していない。そんな失敗を防ぐためには、本書で紹介した技術を用いて、読み取るための力を強くすることは不可欠なのだ。

## 抽象的な表現に惑わされない読み方

もう一つ、読み取りの力を支えるには、言葉や用語の意味をよく知ることだ。先ほども書いたように、言葉はいつも単純に一つの事物だけを指し示すものではない。言葉自体が一種の比喩であり、どう使われるかによって意味を微妙に変えていくものだ。

言葉のそういう特徴を有効に使っているのが詩、短歌や俳句である。しかし、論を展開している書物の場合は、若干の哲学書などを除いて、言葉の微妙な表現に比重を置いているものはそれほど多くはない。

しかし、それでもなお、書物中に使われている言葉には、注意を向けたほうがいい。「平等」という言葉が使われていても、その意味が、読者が考えている意味、あるいは辞書で説明されている意味と同じだとは限らないからである。「自由」や「人間性」という言葉も、一般の意味で使われない場合がしばしばある。

けれども、論を展開している本を丹念に読んでいる限り、その書物での重要語やキイワードがどのような特別の意味で使われているかはだいたいわかるものである。また、解説などを先に読んでおけば、さらにわかりやすく語句が説明されているだろう。

そういった言葉のいちいちの説明は、各書物の解説や関連書にまかせることにして、ここでは、基本的にどのような視点をもてば読み取る力がつくかということについて述べていきたい。

まずは、どんな本でも自分の身に引きつけて読めば理解が増しやすい。特に抽象的な叙述をしている書物に対して、この効果は大きくなる。

抽象的な叙述といえば、その典型は数学だろう。高校の数学教科書を開いてみても、数字を勝手にいじくりまわしているようにしか見えない。そう見えるのはわたしにだけではなく、多くの現役生徒にとってもそうだろう。

しかし、そんな数学の教科書でも、自分の身に引きつけて読めば理解できるようになる。

たとえば、三角関数である。これは、直角三角形の中にある直角ではない部分の角の大きさによって、二辺の長さの比率が決まるという法則のことである。「それがどうした」と言いたくなるような抽象性である。

抽象的だからわかりにくい。だったら、抽象的なものは具体的にすればいいのだ。三角関数の理解の場合にはどうするかというと、これは何に利用できるかということを知るのである。測量に利用するのだ。また、三角関数を使えば、坂道を造るときにどれだけの建材が必要になるかということも予測できるわけなのだ。

それを知っていると、サイン・コサイン・タンジェントを用いる三角関数は、単なる難解な数字の計算ではなくなる。具体的なものとして身近になってきて、よく理解されるようになるのだ。

数学の教科書にそこまで親切に書いてあれば、計算の意味が具体的になるのだから、数学が不得意な生徒はもっと少なくなるだろうと思われる。

現代の数学の基礎を築いてきた過去の数学者にしても、抽象的な思考から数学を生み出したわけではないのだ。

たとえば、座標軸を発明したデカルトだ。

デカルトはかたい学者ではない。教師でもなかった。ヨーロッパの各地を無料で障害なく旅行するために軍隊に入ったような男だった。夜更《よふ》かしが好きなものだから、午前中に起きることはめったにない。そしていつものようにベッドに寝転がってぼんやり天井を眺めていると、一匹のハエが天井に張りついた。

そこでデカルトは、あのハエの位置を正確に表現するにはどうすればいいのだろうかと考えた。天井は格子《こうし》模様だった。デカルトは、その縦の線と横の線に同じ間隔で数字を与えればハエの位置を正確に表現することができると思いついた。これが座標軸の発明である。

天井に張りついたのが本当にハエだったかどうかはともかく、抽象性の代表のような数学でさえ、もとは具体的な事柄から出発しているのである。そこから知ることができれば、すなわち具体性から出発すれば、非常に理解しやすくなるのである。

森毅《もりつよし》著『数学の歴史』にも「数学は、現実の課題をとくためのものであって、法則認識を体系だてるものではなかった」とある。

このことをあからさまに示しているのが、数学の中でも確率論であろう。確率論は、いかにしてカジノでの賭け事に勝てるかを考えたところから発達した数学だからだ。そういった現実を隠して数式だけを並べているから、教科書の数学は理解しにくくなっているのである。

本を読んでいて、よくわからない、理解しにくいと感じる箇所の多くは、具体性に欠けている場所である。あるいは、想像のしにくい場所である。

そういう箇所にぶつかったら、ここに書かれていることは現実には何を指しているのだろうかとか、何に応用できるかを考えてみることによって読み取りがずっと楽になるのだ。

また、場合によっては、自分の言葉で書き直す必要も出てくるだろう。自分の言葉に書き直して理解できるようなら、そのわかりにくい文章の横に自分の表現を小さな字で記しておけば、いつか読み返すときにあらためて時間をとることがなくなる。

## 本との「より深い対話」を楽しむコツ

ところで、「何からどう読み取ることができるかという手本でもあればいいなあ」と思う人もいることだろう。それが売るほどたくさんあふれているのだ。何のことかと言うと、書物そのもののことである。

特に何かについてまじめに評論したり考察している本は、読み取りの方法を実際に見るという点で参考になる。

読み取る力をさらに強くするには、自分の疑問や目的をはっきりさせておいてから書物にあたることだ。疑問や目的をはっきりさせるということは、疑問や目的を頭の隅に置いておくことではなく、紙やノートに文章で明確に記しておくことである。

読む価値がある本というものは、どれもそれなりに強い吸引力や説得力があるものだ。だから、いつのまにか書物が展開している論に引き込まれてしまうという可能性は大いにある。そうやって著者のファンになってしまうのは読者の自由だが、自分の疑問や目的を見失っては何にもならないだろう。

ミイラ獲《と》りがミイラにならないようにするためにも、疑問と目的は文章として明確に記しておいて、いつでも自分のスタンスに立ち戻れるようにしておくのだ。


しかし、疑問と目的への解答が、たった一冊の書物ですべて得られることはまずないだろう。そのためにも、他の関連書物の読書や内容との突き合わせは欠かせない。それでも解答が得られないと思うなら、自分の疑問や目的を再考してみるといい。はなはだ曖昧な疑問だったり、ピントがぼけているような疑問だったりする場合があるからだ。あるいはまた、書物がすでに解答を与えているのに気づかないこともある。

つまり、疑問や目的に対して内容の文章そのもので直接的に答えてはいないけれども、書物全体で解答を与えている場合がある。あるいは、この著者の論理ならばこれこれの解答をするはずだとわかる場合もある。
あるいはまた、書物ではなく、自分自身が考えて解答しなければならないときも出てくるだろう。多くの本を読んで、他人の見解を知ってきたのだ。自分の考えや自分の視点が生まれてきているはずだ。であるのなら、今度は自分が考える番なのである。

## 読書は人をバカにする⁉

一方で、ショウペンハウアーがこんな皮肉を書いている。

読書は、他人にものを考えてもらうことである。本を読む我々は、他人の考えた過程を反復的にたどるにすぎない。（中略）そのため、時にはぼんやりと時間をつぶすことがあっても、ほとんどまる一日を多読に費やす勤勉な人間は、しだいに自分でものを考える力を失って行く。（『読書について』斎藤忍随《にんずい》訳）

ショウペンハウアーは極端な物言いをしているが、要するに本に書かれていることにどっぷりと依存するな、書物に呑まれるなという忠告だ。

もちろん、とにかく何か正答を求めるようにして頼るような気持ちで本を読むのは自分を失くしてしまいやすいことだから危険だ。

では、どうするのか。本ばかり読むこともよくないのならば、どうすればいいのか。本をある程度読んだら、まずは本から手を離す。本を読まない。本の他のものにも依存せず、ふつうの生活を丁寧に行なうことだ。

それでもまだ頭の片隅には本に書かれていることが残っているだろう。それは印象的だった事柄、あるいは自分にとって忘れがたい重要な事柄であることが多い。そうしたら、その事柄について今度は自分の頭でじっくりと考えてみるのだ。

たとえばスイスの精神科医、カール・グスタフ・ユングの本を読み、途中でもいいから本を閉じ、仕事や家事の合間にその内容を反芻してみる。すると、本を読んでいたときとはまるでちがって、ユングはオカルトではないかという感想をもつようになるかもしれない。

本を読んでいるときとはちがう変化が起きたように感じられるのは、自分が現実に立ち戻っているからだ。

もちろん、自分の周囲の現実だけがまともだというわけではない。また、ユングが有名だからといって、その観念世界が正しいというわけでもない。その両方を体験しているから、その落差に発火が起きて、考えることができるのだ。

何も考えずに、自分の好きな作家、好きな思想家が書いていることをまるごと鵜呑《うの》みにすることもわたしたちの自由だ。ずっとそういう態度でいるのがファン、もしくは信奉者と呼ばれるような人々だ。

彼らは幻の恋の熱病にかかっているようなものであろう。その間、自分を生きることをせずに、自分が想像した他人の思想を生きているのだが、そのことにいっかな気づいてはいない。

そこから脱して自分自身を生きていくためには、やはり自分の頭で考えることをしなければならない。それは面倒なことではあるが、生きることはそもそも面倒なことには違いない。

# こうして、感性は豊かに磨かれていく

## 難しい本をやさしく読むための一つの力

本を漫然と読むだけではなく、そこから読み取りをしなければ、正しく読むことにならない。この読み取りの力を土台から育てるのは、想像力であろう。

先の例にしても、古事記の時代にもし自分が生きていたら、どういう目で国土を見ていただろうかという想像から生まれてきた感性だと言える。

読書はそこに書かれた文章に含まれているサイン（合図）を了解することではない。もしそれだったら、文章ではなく、数字や記号でも構わないことになる。

文章に書かれるということは、具体的なものの抽象化をすることだから、それをもう一度自分の中で具体的なものに置き換えなければならない。だから、読書とは受け身でいることではなくて、想像によって自分も参加する積極的な「行為」なのである。

たとえば、「やめなさい」という言葉がそこに書かれていた場合、この「やめなさい」が強い禁止なのか、おだやかな感じの停止の勧めなのか、は前後の文（コンテクスト）を参考にして、自分の中で想像された状況において変わってくるわけだ。

であるから、自分が参加した想像なしには、どんな簡単な文章もニュアンスも本当の意図もわからないということになってくる。

となると、「わからない」ことの責任の一端は自分にあるということになる。

疲れてもう何も考えたくないというときに、本を読む気も起きないのは、想像さえも億劫だからだ。それほど疲弊しているときは、テレビのドラマすら見たくない。映像であろうとも、自分の想像が加わってはじめて理解できることだからだ。

したがって、書物がよくわかる人間になれるかどうかは、想像の幅が大きいかどうかということにかかってくる。

想像力をたくましくすること、これが読書をやさしくする道の一つなのである。

では、想像力をたくましくするにはどうすればいいのか。それは日常のいちいちの事柄に全身でまじめに取り組むという生活を送ることしかないだろう。それは同時に、人間の頭をよくすることでもあり、やさしい人間をつくることにもつながる。

簡単に人を傷つけたりする人間は、相手の痛みが想像できないのだ。

しかし、想像してばかりいて実行するなと言うのではない。日常の事柄にいつも関わっているという実行があるからこそ、さまざまなことがわかり、そのつど想像力が養われる。

学校と塾の行き帰りだけで過ごしているよりも、家に帰っていろいろな家事を手伝い、大急ぎで宿題を片づけなければならない子供の頭のほうが、本当はかしこくなっているのだ。

だから、書物は机の上で理解されるのではない。生活の中から理解されるのである。

# 人生戦略としての読書

読み取りの力をつけるためには想像力が必要だと書いたが、その想像力はまた、読書によってつちかわれる。この読書には、いわゆる読み物小説なども含まれる。むしろ、想像力をつちかう点においては、読み物小説のはたす役割のほうがずっと大きいだろう。

絵や音楽や数学の才能を発揮する子供はいるだろうが、はや少年少女の頃からパスカルの『パンセ』やドストエフスキーの『罪と罰』に没頭する者などまずいない。「いや、おれはユーゴーの『レ・ミゼラブル』をおもしろがって読んでいたよ」という反論もあろうが、それは少年向けの読み物に改作されたものであり、原文にある重苦しさは取り除かれて、主人公の変転する運命だけが興味深くたどられているものだ。だから、子供にもおもしろく読めたのである。

要するに、現在では娯楽読み物を軽蔑する大人であろうとも、彼の想像力をつちかってきたのは、童話から始まる読み物なのだ。

なぜ読み物が想像力を育てるかというと、そこでは人生のさまざまな場面における対応パターンが展開されているからだ。人生のサンプル、局面対応のサンプル、人間関係のサンプル……。

読み物にある人生は、つじつまが合うように装飾されてドラマ化された疑似人生ではあるけれど、あるいはそうであるからこそ、学べるモデルが含まれているのだ。童話を含んだ読み物で人が最初に学んでいくのは、善と悪、正直と嘘、生と死、出会いと別れなど、これから生きていく上での基本的了解事項のモデルである。童話にこれらの事柄がいかに巧みに織られているかは、説明するまでもないだろう。

しかし、それら基本的了解事項のモデルは、次の段階の読み物においても、いわゆる世界の名作と呼ばれている文学においても含まれている。ただ、読み物ほどにはあらわではないだけなのだ。

世界名作ではそれよりも今度は他人との関係性のモデルが中心として描写されることになる。なぜなら、他人との関係性こそが、生活を左右する重要な問題として多くの人々が直面している課題だからだ。年頃の少女たちが恋愛小説を好んで読み始めるのも、理由のないことではないのだ。

誤解してほしくないのだが、読み物から読者が生き方のマニュアルを摂取するというのではない。読み物から人間の言動のモデルを形成していくのである。また、社会的通念の枠組みのモデルを形成していくこともある。

モデルが獲得されたということは、表現されているものの内部にある骨の形を知ったということであり、そこにどんな贅肉《ぜいにく》がついたバリエーションを示されたときでも、基本の骨の形態を把握できるということになる。

そうして、自分に蓄積されているモデルが豊富で多様であるほど応用がきく。すなわち、自分が直接に見聞していない事柄や関係においてすら、ある程度の理解や想像が及ぶということになるわけだ。

読み物によってつちかわれたモデルによる想像力が、論を展開する書物の内容を把握するのに役立つのは不思議ではない。なぜなら、どんなに複雑な論を展開する書物においてすら、その内容は究極的に人間に関すること、あるいは人間が関わる事柄について述べられたものだからである。

人間の想像力がまったく届かないということはない。

Column

# かしこい読書のツール

書物では、文章の周囲にはたっぷりと余白がとられている。一般の本がこういう体裁になっているのは、その余白に書き入れを可能にするためだ。

論を張る内容をもった本をじっくり読んで理解しようとするなら、傍線を引いたり書き入れをしたりすることなしですますことはできない。だから、筆記具は読書にどうしても必要なツールとなる。

シャープペンシルを使う人もいるが、もっとも軽量な筆記具はやはり鉛筆だろう。こういう筆記具を読みさしのページに挟《はさ》んでおけば、栞《しおり》の代わりにもなる。あるいは輪ゴムを読みさしのページに掛けておいてもいい。

付箋《ふせん》も便利なツールだ。現代のものは種類も多くさまざまに使うことができるが、いつか劣化して剝《は》がれ落ちる懸念がある。付箋よりも明確にページ指定をしておきたいなら、ページの端を折っておくとよい。

ページの端の折り方を図のように工夫すれば、筆記具も付箋も使わずに、ページだ

ページの端の折り方

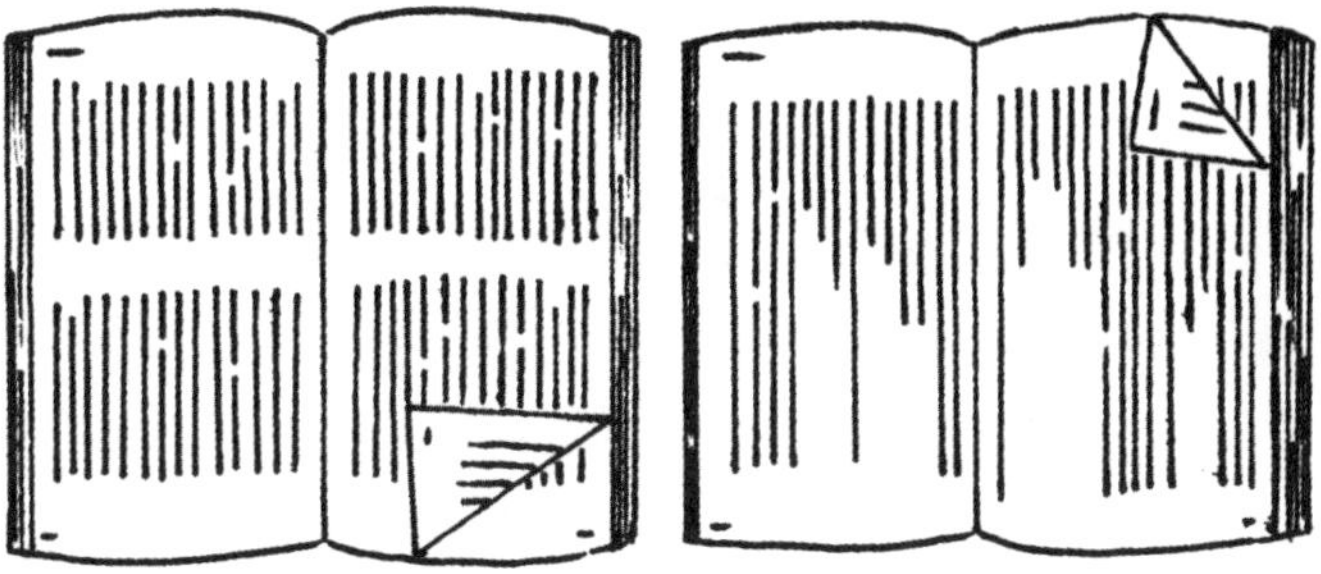

2段組み　　1段組み

けでなく何行目かまで指定することができる。

本に、どういう材質であれカヴァーを掛けておくことは勧められない。書物にはそれぞれの造本、体裁、デザインがあるものだが、カヴァーでそれらを殺すことは同時に、その本の印象とともに読んだ内容を薄めてしまうことにしか役立たないからだ。

時間をかけて精読する場合に助けになるのは書見台《しょけんだい》（ブックスタンド）だ。好みの角度に本を寝かせることができるし、ページをしっかりと押さえることもできる。廉《れん》価《か》のものよりも高価な書見台のほうがそれらの機能にすぐれていることが多い。

物書きで生計を立てるのではない限り、書斎はそれほど必要ではないだろう。騒がしくない場所ならば、ただちにそこが書斎の代わりになるはずだ。

集中できるまとまった時間が欲しいならば、あるランク以上のホテルを書斎代わりにすることもできる。ふだんの読書には長椅子一つか、オットマン（足置き台）付きのソファがあればいいだろう。


現実問題として読書を妨げるのは環境の条件ではない。それよりもむしろ自分の心のあり方でしかない。

自分の心に静けさがなければ読めない。酔っていたり、ひどく疲れていたり、何かに強く執着していたり、深い悔恨《かいこん》や、荒ぶる感情をたずさえているならば、本を読んだところで何も頭に入らないからだ。

かつて、立川方面に向かう電車の中で凜《りん》と立ったまま単行本を集中して読んでいる有名なジャズピアニストの姿を見たことがある。彼の周囲だけ時間が止まっていた。あれは美しくも羨《うらや》ましい光景だった。

第5章

使える知識はこうして身につける！

# 深く・大量に・速く読むための読書案内

# 「新しいもの」を発見する人の共通点

## 知恵のある人だけが、情報を教養に変えられる

　知恵は、知識と知見の積み重ねから醸成されてくる。その意味で、農業従事者が天候を読むのも知恵であり、言葉や動作や表情から相手の心理や隠しごとを読むのも知恵だ。だから、すぐれたマジシャンもまた知恵を使ってショウを見せている。

　この読み取りの力があれば、どんな本を読もうとも、何を見聞しようとも、そこに何か意味あるものを新しく発見できるようになる。表現されているものの向こう側へと目が届くようになるからだ。

　表現されているものの向こう側に存在しているものはもちろん「未知」である。未

知の事柄だけれども、既知の事柄と経験から類推することが可能になるのだ。これが「一を聞いて十を知る」ことだ。

このタイプの読み取りを可能にするのは、広い分野をまたいだ多くの知識だ。多くの知識のストックがあるため、複眼のようにさまざまな角度から物事を観察できる。その逆は、一つの主義思想に固まっているため、いつもその方向からしか物事を見ることができない単眼である。

複眼のように物事を観察できるということは、常に他の可能性がそれにあてはまるかどうかを考えられるということだ。言い換えれば、小さな仮説をそのつどすぐに立てられる。仮説があれば発見が生まれやすい。

だから、さきほどの例で言えば、日本の書物の『古事記』だから当時の日本人が記したに違いないという思いこみから自由であり、ひょっとしたら外国人が書いた可能性もあるという仮説が立てられていたからこそ、「豊葦原……」という表現の奇妙さに気づけるのだ。

この種類の読み取りの力には広汎《こうはん》な知識が不可欠だが、現代はインターネットによって乱雑なレイアウトのチラシにも似たフラットさで並べられた情報をふんだんに入手しやすい環境にある。それは便利ではあるが、読み取りにとっても有利なことなのだろうか。

おそらく、有利とは言えないだろう。ネット上にあるおびただしいものもまた、亜・世間にすぎないからだ。世間と同じく、そこにある情報・見解・考え方・価値観・偏見は安易すぎるし、その意味で一般的な風潮そのままのものでしかない。

つまり、ネット上から情報をたくさん仕入れていたとしても、読み取りに役立つ自由性や新しい観点が生まれてきやすくはならない。読み取りの力の育成に大いに役立つのはやはり、ふだんの幅広い読書と個人的で真摯《しんし》な経験のほうがずっと強いであろう。

知恵の働きとしての読み取りの他に、真正面から読み取りをするという方法もある。たとえば禅の語録には、思惑のためになかなか読み取りができなかった人が、不意に素直な読み取りに達する様子が記されている。

古い時代の典型的な禅問答を記した『無門関《むもんかん》』には、修行僧と禅師の次のような問答が記されている。

趙州《じょうしゅう》和尚《おしょう》に修行僧が問いかけた。

「私は禅の修行道場に入ったばかりの新参です。どうか、禅とはどのようなものであるか教えてくださいませ」

するとと、和尚はその修行僧に尋ねた。

「きみはもう食事はすんだかい」

「はい、すみました」

「そうか。では、碗《わん》を洗っておきなさい」

この一言で、修行僧は禅を悟った。

和尚に問いかけたときの修行僧と、和尚の言葉を聞いたあとの修行僧の知恵のレベルはまったく異なっている。

最初、この修行僧は勝手な思惑を抱きしめている新参者でしかなかった。その思惑とは、禅には何か秘密めいた奥義があるはずだ、それをこの和尚は知っているはずだ、その奥義は言葉で説明できるはずだというものだ。

しかし和尚は、食事がすんだならば器を洗っておくようにとしか言わなかった。このとき、修行僧は「奥義を教えずに何をあたりまえのことを言うのだろう」と思うことはなかった。ただ言葉そのままに器を洗うことを禅だと受け取った。

確かに禅は、生に関わるいっさいの事柄をおろそかにしないことから始まり、同時にそれに尽きるからだ。今の物事に専念し、虚心坦懐《きょしんたんかい》に生きることで、安楽の境地、もっと説明的に言えば、澄みきって揺れることのない自己の状態を体得できるというのが禅の道の到達点だ。

そのことをこの修行僧は一挙に理解したのだ。もし、器を洗っておくようにという言葉を一つの用事の命令としてだけ狭くとらえたならば、そこにこのレベルの読み取りはなかっただろう。

しかし、なぜこの修行僧は言葉の奥深くまで読み取りができたのか。

それは、禅師の言動の一つとしてとらえたからではなく、禅師の全言動と密接に関わっている言葉としてとらえたからだ。

そういう態度でとらえる修行僧は、禅師の日常的に見えるありきたりな一つの言葉の中にも禅の本質が相似形として入っているとみなすのである。あたかも、一粒の雨滴は頭上の雨雲の相似形だというふうに。

## 「いつもの読書」が十倍充実する、こんな方法

この形の読み取りは、西洋では聖書を読むときに使われている。たとえば、新約聖書の「神は愛である」という一文を理解するのも、創世記の記述の意味を理解するのも、旧約も含めて聖書全体をじっくりと読んでからはじめて可能になるからだ。

したがって、聖書の一文一文をそれぞれ単独に理解しようとしても、そこからは字《じ》面《づら》以上の何も読み取れないことになる。なぜならば、重要な一文は聖書全体と密接に連関しているか、互いに呼応しているからだ。そのため、全体を知ってはじめて個々の意味の深さが読み取れるようになる。

このことがあからさまに体験できるのが小説を読むときだ。よほどだらけた文章で書かれた小説でない限り、飛ばし読みやつまみ読みで十分に理解できるものではない。小説全体と、その内部の一文が呼応しあって固有の意味を生み出しているからだ。

もし小説全般がその根幹となっているストーリーと、それに説明と会話などの肉付けをしただけの文章で成り立っているというのならば、小説そのものではなくダイジェストを読むだけで足りてしまうだろう。

あらかじめ全体を覆ってからようやく個々の部分の意味がわかってくるというこの経験は、わたしたちの生活の多くの場面でもふつうに見られることだ。

たとえば役者は演じる物語の全体があらかじめわかっていなければ、たった一言のセリフの強弱すらわからないのも当然だ。学校の科目を勉強するときは、まずテキストの全体をとりあえず読んでおいて一種の広い地図を頭の中に置いておかなければ、日々の授業の理解と位置づけは不安定になる。

そういう意味で、会社全体の業績と個々の社員の業績の把握も同じことだし、家庭の収入全体と家計費の連関も同じことだし、他人同士の理解の度合いに関しても同じだ。読み取りの力はこのように、読書以外の多くの事柄の理解にも通じているのである。

そして、わたしたちが実際に何かを読み取るときは、先に述べた知恵の働きと今述べた全体との連関の両方を同時に使っている。

それを暗喩的に表現したのが「行間を読む」という言い回しなのだ。だから、行間を読めるかどうかは感性によるのではなく、さまざまなレベルでの知的理解によるのである。

読み取りは日常にもふんだんにあるが、それによって重大な問題の有無が決められてしまうことが多いのが、いわゆる「いじめの問題」のようなことが起きたときだ。

ある生徒が自殺する。遺書を残していない。しかし、いじめによって自殺に追い込まれた可能性がある。そういったケースでは各関係者による事態の深い読み取りが必要になるはずなのだが、学校関係者たちは自己保身のためなのだろうが故意に読み取りをしないようにする。

自殺はいじめが誘因になったという蓋然性《がいぜんせい》が強く疑われる場合でも、彼らは蓋然性などまったく無視して、いじめが原因で自殺という結果を直接的に生んだのかという因果論をもってくることが多い。

因果論などは物理学的なものにのみ有効なのに、彼らはここにその因果論を強引に押しつけてくるのである。要するに、読み取りを拒否したあげくに論のすりかえをするので禍根《かこん》が残ることになる。

その禍根が残っても、彼らは責任から逃れようとするわけだ。そういう教育関係者の言動を見て、生徒や周囲の人々は教師などくだらない連中だという読み取りをするようになる。

読み取りの力は変化する。同じ本を二十代で読むときと、四十代で読むときでは、そこから汲み出すものが異なる。半年前と現在でも読み取るものは異なる。その間に、自分の知識や経験が増えているほど、同じ本から汲み出すものは変化してくる。

だからといって、読書を延期しておく必要はない。二十代には二十代の読み方があるし、四十代にはそれ相応の読み方というものがあるからだ。

まさに自分の思考を育ててくれる良書は、そのように一生をかけて読む価値のある書物なのである。

## 思考を停滞させる〝危険本〟には要注意

ところで、読書のすべてに読み取りが必要だというわけではない。誰もが知っているように、読み取りの必要などない書物がたくさん売れている。いわば誰もが読めて理解できる簡単な本だ。

それらはなぜ簡単か。なぜ、考えずともするする呑みこめるように理解できるのか。その理由も簡単だ。すでに多くの人が知っていることが書かれているからだ。既知の事柄、みんなに共通する感情、古くからある常識と偏見。みんながなんとなく思っていること。そういったことが書かれているから、読者があれこれと考えなくてもすんなりと理解しつつ読むことができる。

そういう本はやさしい本ではあろうが、同語反復をしているだけの本だと言うこともできる。あるいはまた、みんな考えていることは一緒だよと安心させる本でもあろう。その分だけ、読者を旧態依然としたままにさせておく本でもある。

だから、読み取りのいらない本だけを読んでいるならば、「趣味は読書」と人に言えるほどに自分はたくさん本を読んでいるという満足感を与えはするが、自分の能力も感性もいつまでたっても変わっていくことはないだろう。

自分が変わらないのだから、ものの見方も古いままで変わらず、当然のことながら自分にとっての世界も変わることはない。そして、毎日は同じ動作、同じ考え、同じ反応の反復になり、脳が萎縮して死ぬまでそれは続くだろう。

# 仕事・勉強に今すぐ役立つ読書の技術

## 理解を早め、生きた知識をものにするために

別の項目では多読を勧めた。しかし、この多読とは、てんでんばらばらの書物をたくさん読むことではなく、同じテーマや同じ分野に関するさまざまな書物を合わせ読むことである。

そうすることによって、一冊だけでは不鮮明だったものが明確になり、一冊だけではあまり理解できなかったものが、よりよく理解できるようになるからだ。だから、あわせ読みは質疑応答の役目もはたしてくれるという利点があるわけだ。

この段階で、読書はもはや受け身などではなく、積極的な読み取りの姿勢になって

いることがわかるだろう。

積極的な読み取りの姿勢がどうしても必要になるのは、目的をもって書物を選んで読むときだ。

仕事の上から読書しなければならないとき、限られた時間の中で過去の考え方を参考にした何らかの解答を出さなければならないとき、既成の考え方のレポートを自分なりにまとめなければならないときなど、積極的な読書が求められる。

このときに書名や著者名は知ってはいるものの、しばしば忘れがちになるのは、自分が手にしている書物が、歴史の中でどの位置に置かれているものなのかを知っておくということだ。少なくとも、次の点は押さえておかなければならない。

何年にどこで書かれたものなのか。

最初から一般向けに書かれた書物なのか、もとは学術論文だったのか。

その書物の著者が、どこから影響を受け、何に影響を与えたのか。

手にしている本が、何年にどこの国で書かれ、日本で翻訳されたのはいつかということは、まえがきやあとがき、あるいは解説中で説明されている。学術論文だったのかどうかも説明されている場合が多い。

それよりも重要なのは、その書物が何に影響され、何に影響したかという関係である。あらゆる書物がまったく新たに創造されるわけではない。書物の内容というものは、ことごとく著者が生きている時代背景の影響を受けているばかりか、それよりも前の時代に書かれた本の影響をも強く受けているのである。

そのことを知っておかないと、自分の手元にある本がオリジナルだと勝手に錯覚してしまう。むろん、そういうわけはなく、手元にある本の前には多くの同系列本が存在している。

そしてまた、手元にある本はオリジナルどころかひょっとしたら、内容がそれより古い本かもしれないのである。類書が時系列順に（1）から（6）までの六冊あったとしたら、そのテーマに関して現在では（6）の本が最新なのに、自分だけは手元の（4）の本の内容が最新だと勘違いしている可能性があるのだ。

特に、学説に関する書物、技術論、哲学、経済、心理学、などの書物にあっては、新旧がはっきりしている。しかし、古い時代に書かれたから価値がないというわけではない。それはまだ採掘され尽くしていない油田のようなものであり、わたしたちの視力と思考力いかんで豊富なものを掘り出すことができるのだ。

その意味でも、手元にある本が他の本とどういう関係の位置にあるかを知っておくほうがいいわけだが、他の本との関連を知っているがためにさらなる得をするのは、理解がずっと早くなるということなのだ。

先の例では、いきなり（4）の本を読むよりも、（3）の本を一読しておいたほうが、（4）の内容が早く理解できるようになる。というのも、（4）の本の内容は（3）の本の内容に依拠していながら批判しつつ乗り越え、新しい観点を加えているからである。

## 最短期間で自分を「プロフェッショナル」にする方法

（1）から順番に（6）まで体系立てて読むのがもっとも理解しやすく、系統がすっきりと頭に入るのはもちろんだ。しかしながら、逆に（6）からさかのぼって読んでもいい。テーマが狭く絞られている場合は、逆からの拾い読みがもっとも早く理解する手段となるだろう。

この方法は、目的に沿って読書しようという場合にかなり威力を発揮する。その理由として次のようなものが挙げられる。

○そのテーマにおける問題意識の変遷が明確にわかる。
○どの時代の本でも、何度も取り扱われている問題がもっとも重要なものだとわかる。つまり、問題点の軽重がはっきりする。
○どの時代のどの著者の本で、新しい視点や考え方が盛り込まれたのかが見えてくる。
○そのテーマにおける百科事典を頭に詰めこんだほどの効果がある。
○自分に役立つための索引づくりや整理などが容易になる。
○そのテーマについての概要がまとめやすくなる。
○そのテーマについて歴史的な流れを見たのだから、そこに背景などを加えて見直せば、現代のための新しい視点や考え方を案出しやすくなる。
○特定のテーマについて一家言をもつことができるようになる。

実はこの方法は、ちょっとした専門家になる方法でもある。世の中に半可通はたくさんいる。ナントカ主義者もたくさんいる。そういった半可通や主義者は、体系的に読んでいないために、特定の考え方にだけ魅惑されてしまった人なのだ。

半専門家は、その偏りから脱却して、体系的に読んでテーマを歴史的に見渡せる目をもった人である。そういう目は、ちょっとした努力でもつことが可能なのだ。

## 「確実な結果」は「明確な目的」があってこそ

これらの方法を自分の作業に採用するときのコツは、読書の目的をかなり具体的にしておくことだ。そして、関わるべきテーマをはっきりと紙に文字で書いておき、そこから横道にそれないようにするのだ。

たとえば、「日本の戦争の歴史」というテーマはよくない。あまりにも曖昧すぎるからだ。国内での戦争の歴史のことなのか、外国との戦争の歴史なのかさえ、明確になっていない。

外国との戦争の歴史なら、「対外戦争の歴史」というふうに書く。実はこれでもまだ曖昧である。時間が明記されていないからだ。

建国以来のあらゆる戦争を対象にするというのだったら、読まなければならない書物は膨大な数にのぼるだろう。ペリー来航で鎖国が解かれてから、つまり明治以降の対外国の戦争ならば的が小さくなって調べやすくなる。しかも、その戦争の何を調べるかまで明確にするともっと調べやすくなる。

テーマが抽象的な事柄であっても、要領は同じである。「恋愛の変遷」だけでは曖昧だから、たとえば、「明治以降の恋愛という言葉の意味と恋愛観念の変遷を当時のベストセラー本で調査する」というふうにすると、探すべき書物までわかりやすくなる。

もし、善悪とか自由とか精神とかいった哲学的な事柄について知りたいと思っていて、わかりやすい道標になっているようなものを探しているのならば、フロスト・ジュニア著『哲学の森』（岩垣守彦《いわがきもりひこ》訳）がある。どの時代にどの哲学者がどのような見解を述べているかが簡単に書かれているので、本を選ぶときの参考になるだろう。

同じようなもので、もっと突っ込んだ解説があるのは、ヴェルジェス／ユイスマン共著の『哲学教程』（白井成雄《しげお》他訳）である。これはフランスの高等師範学校の教科書であるが、疑問の歴史事典として使うこともできるし、自分の考えを深める触発剤ともなる。

## 本の整理で「頭の中を整理」するコツ

自分の目的に沿った書物を集めたならば、各書物をとりあえず時系列に並べてみる。すると、内容的にどの本が別の本と強い関連をもっているかが見えてくるし、その関連からはみ出る本がどれかもわかってくる。

こうすることによって、さらに必要な本がまだ手に入っていないこともわかるだろう。しかし、これはかなり厳格な調査をするときの方法であり、単なるレポートを書かなければならないときにも必要な方法だというわけではない。

それでも、書棚に置くときは時系列通りに並べておけば、かなり役立つ配列になる。つまり、書棚にある姿そのものがあるテーマについての体系を表わしていることになるからだ。

書物は必ず本棚に差しておかなければならないわけではない。まだ使用中の書物ならば、机の引き出しの中に時系列通りにそろえておくのも便利である。

ただ、机の引き出しの高さは本の幅よりもかなり低いことが多い。そういうときは、百円程度で購入できるプラスチック製の小箱を整理ボックスにして、本を時系列通りに並べて、机のそばに置いておけば便利だろう。

こうすると、ブックスタンドがなくても机の上にまとめて置いておけるし、移動させるときには箱ごともてばすむわけである。


さて、手元にそろえた書物は、自分の目的に沿って有効に活用しなければならない。この基本は、自分の目的に関連したテーマについての各書物の異同と軽重、さらには考え方の深さの差をあらかじめ知るということだ。

その技術はテーマによってかなり異なるので、ここでどの書物にも通用するような方法を述べることはできない。ただ、目次の突き合わせや叙述の正確さに注意することなどは必要である。さらに主観的に書いているものよりも、できるだけ客観的に述べようと努めている書物のほうが役立つだろう。

文章の語尾にも注意をはらったほうがいい。「……だと思われる」とか「……ではないだろうか」という書き方の語尾ならば、著者に確信がないとわかる。だからといって、「……でなければならない」を頻発するのがいいというわけではない。むしろ、たんたんと順を追って事実を述べている書き方のほうが信頼性は高い。

文章の難易度と内容の高度さには関係がない。最初から最後まで難解な文章が書かれているのは困るが、ずっとわかりやすい文章が続いていたのに、急に複雑で難解な文章のブロックが出てきたなら、そこは無視すべきではない。これまでの文章では表現しがたいような大事なことに触れている可能性があるからだ。

ところが、翻訳本であるならば、急に顔を見せてくる難解な文章は、誤訳である可能性が高くなる。その場合は、他の翻訳者のものの該当箇所を参照する必要が出てくる。たとえば、ドイツの哲学者ハイデッガーの代表作『存在と時間』の場合は、岩波文庫のものより、ちくま学芸文庫のほうがずっと理解しやすいということがある。

用語の意味など基礎的なことをすべてクリアしているのに、文章の悪さのために何度じっくり読み返してもわからないなら、気分を変えて別の日にも再び読んでみればいい。すると、今度は理解できるようになるものだ。

## 比較してはじめて見えてくる「知識の金鉱脈」

自分の考え、あるいは自分がこれまでの読書から得た知識を否定するような本をも読むことをも勧める。

そこに新しい発見や新しい考え方の鉱脈を発見することもあるし、異なった意見がどういうものかをよく知ることができるからだ。そういう反対の見解を知らないでいるならば、自分で掘った穴からしか空を仰ぎ見ることができなくなる。

また、ある事柄、あるテーマを追求するために本を読んでいるならば、比較して読むことをする必要があるだろう。それは次のような比較読みだ。

○そのテーマについて、それぞれの著者がどう述べ、どのような見解を述べているか。
○そのテーマについての日本での見解と外国での見解。
○そのテーマが普遍的なものである場合、過去ではどう述べられ価値づけられていたか。
○そのテーマについての各時代の見解の特徴と現代との差異。

もちろん、自分の主眼によって、これらにさまざまにバリエーションをつけて読むこともできる。これをしないと、読書はおおむね独りよがりなものになってしまうだろう。

たとえば、恋愛や結婚といった日常的な概念をテーマにした場合でも、右記の比較読みをしてみれば、自分がこれまで考えていたこととまったく異なった事実が発見されて驚くことになるだろう。

今のこの二つの概念についてちょっとだけ書き添えておけば、恋愛という概念は十一世紀以降のドイツやフランスの騎士とお姫様との文芸物語から生まれたものであるし、日本での結婚という概念は江戸時代末期に平田《ひらた》篤胤《あつたね》がキリスト教の結婚式から神道に取り入れたことから始まっている。

そういったことを新しい知識として取り入れつつ、さらにさまざまな本を読み進めていけば、世界はまったくちがう顔を見せてくるだろう。そこからはじめて新しい考え、新しい展望が生まれてくるのだ。

そこに達することができる人は、学校でのお勉強に従順にしたがって標準以上の成績をおさめてきた人では決してなく、自分の手でページを開き、自分の目と頭で本を読んでいく人だけなのである。

## 知識の幅を広げる「ふざけた読書」のすすめ

慣れ親しんできたジャンルの本ばかりではなく、自分の専門、興味、好奇心から遠く離れた分野の本をも、ふざけた遊びのようにいろいろと読んでみることを勧める。

それは、浪費でも逸脱でも浮気でも非効率でもない。知らないジャンルの本を読むのは生半可な旅行よりも多くのインパクトを与えてくれるだろう。そこには想像もしなかった異世界があるからだ。それは自分の視点や考え方にこれまでになかった清新な風を吹き込んでくれるだろう。

しかし、異分野の本を読むことにはもっと実利的な面もある。物事の理解がこれまでになく深く広くなるという実利だ。

たとえば、英語の勉強をしようと思って英語関係の本ばかり読むのは悪いとは言えないものの、それと並行して聖書やキリスト教関係の本、さらにはシェイクスピア、有名詩集、歴史の本も読んでおいたほうが英語の勉強がずっとはかどるだろう。

なぜなら、それらに使われている表現が英語のイディオムや文体、言い回し、表現の元になっているからだ。「豚に真珠」という言い回しは日本語にもなっているが、これは新約聖書から来ているし、その表現の深い意味は聖書を読んでいる人にしかわからない。

もっともキリスト教世界の人名はすべて聖書から来ている。つまり、名前自体がそれぞれに歴史的・性格的な意味をもっていて、それゆえにそう名づけられている。それは文学やもろもろの芸術的表現においても同じだ。

映画においてもそれは顕著で、映画『ターミネーター』の主要人物の女性の名がなぜサラ・コナーなのかは旧約聖書を読んでいないとわからないはずだ。『ターミネーター4』になると、その設定やストーリー自体が聖書的だ。ホラー映画で人気があるゾンビという存在もまた新約聖書中の記述から発想されたものだ。

そもそも現代は現代からのみで成り立っているわけではなく、古典世界を新しく再現している部分がとても多い。政治の民主主義も同じで、紀元前五世紀のギリシャには完全なる民主制があった。エレベーターにしても、当時は人力ではあったが、同じ原理のものが紀元前のユダヤにあった。

そういった異分野の雑多な知識があるのとないのでは、一冊の本を読むにしても理解の度合いがまったく異なってくるのは当然であろう。いや、本ばかりではなく、音楽を聴くにしても同じことだ。

聖書知識なくしてバッハの曲の意味がとれるはずもない。そしてまた、「音楽界の異端児」と呼ばれ、ドビュッシーやラヴェルに影響を与えたとされるエリック・サティの新しさも理解できないだろう。ロックでさえ、その旋律はクラシックを土台にしている。

目的達成のために効率的な読書をしたいと思うほど今の事柄に関係がなさそうに見える本を読むことなど無駄だと思うだろうが、それこそもっとも遠回りの道であろうし、もっとも貧しい読書の方法となるだろう。

# 「速読へ至る道」

## 読書は人生の履歴書

わたしが、十代の半ばからずっと再読をくり返している本は聖書だけだ。読むたびに新しい発見がある。また、かつては疑問に思わなかった箇所が今は疑問になっていく。だから、数十年読んでいるのだけれども、いつも新しい。

あるレベル以上の読書をする人は知っているだろうが、再読できる本はそれほど多いものではない。せいぜい数十冊あるかないかだろう。十年、二十年経っても再読できる本はもっと少ないはずだ。

読み直すのは、主旨や内容を忘れるからではない。自分が変わるからだ。変わった自分が再読するから、その本はかつて読んだことがある本であるにもかかわらず、かつて読んだのと同じ本ではなくなる。

だから、自分の中の何かがその本を越えてしまっていたら、再読してもそこからは新しいものを得られなくなる。

書物はいつも彼方にあるものではない。自分がその彼方を越えてもっと遠くへ行けば、その本は踏み越えられてしまう。

小説のたぐいでも事情は同じだ。たとえばフランスの作家、モーパッサンの短篇小説は中高生が読んでおもしろいし、今後の人生についてなにがしか得るところがあるだろう。しかし、その中高生らが社会に出て働き、自分を高めようと本を読む習慣をもつようになるならば、モーパッサン程度ではもはやまったく飽き足らなくなるだろう。

時代と書物の関係も同じ構造をもっている。

かつてはもてはやされた本の内容を時代が越えてしまった場合、その本はただ昔の時代に属するものとして書棚にしまわれ、再読して新しい意味を見出す用にも立たなくなる。たとえば、有名どころではマルクスの『資本論』や『共産党宣言』であり、大衆向けの本ではビジネス書全般である。

したがって、以前に読んだ本をひとたび読み返してみれば、自分がずっと歩いてきたかどうか、どのくらいの峠《とうげ》まで来たかをだいたい知ることができる。どのレベルの本を越えてきたかもわかる。すると、書棚に並ぶ本の整理もしやすくなるというものだ。

逆から見れば、じっくりと幾度も再読してきて、なおかつ今もまた再読しようとしている本は、時代を越えた普遍的な人間の問題を扱っているとも言える。あるいは、それほど引っかかっているということなのだから、自分が本当に知りたがっている問題と同じ質のものを扱っている可能性が高いだろう。

必要や興味があって再読してすぐに感じることは、その本の内容の濃淡がわかってくることだろう。たとえば、古い部分と今なお新しい部分がはっきり見えてくるし、自分にとって重要だと思われる部分の濃淡が以前とは変わってくる。それがわかるだけでも再読には期待以上の価値と利点がある。

## ある日、「文体」があなたの味方になる

本を読み慣れてくると、自然と文体が見分けられるようになる。文体とは、文章の書き方のことだ。

小説の文体は特にわかりやすい。ある一つの情動、たとえば悲しみについて書くときに、「彼は悲哀を感じた」と直接的に書く下手な作家もいるし、川端康成のように何らかの情景を描写することで悲しみを象徴的に表わす人もいるし、コーマック・マッカーシーのようにたんたんと人物の動きだけを追って描く人もいる。そのスタイルが文体だ。

文体は文芸作品に特有なものではない。哲学書にも文体がある。ハイデッガーのように暗い迷路をくどくどと歩きまわるような文章の人もいるし、ヴィトゲンシュタインのように潔癖なほど明晰に一つのことを整理していこうとする書き方の人もいるし、ニーチェのように限りなく詩文に近づくような文体の人もいる。

つまり、文体は文章が発する独特の声や息づかいのようなものだ。だから、文体が感じ取れる人は、ほんの二行、あるいは数行の文章の断片を読んだだけで、書き手が

誰か、どういう人か、あるいはその書き手の知性がどの程度なのか、おおむね察知できてしまう。

そういうふうに文体がわかるようになると、はじめての本だとしてもその文体から論理の流れや結びへの道がだいたい透かし見えてくるようになる。

というのも、たとえば文体が雑ならば考え方も緻密ではなく、当然のことながら結論も大雑把だからだ。それは、靴が汚い人の住居が汚いのと同じ道理だ。

しかし雑であっても魅力的である場合もある。文体の整然さと魅力は関わりがない場合が多い。また、文体は読者の好みもある。くわしい説明のないざっくりした書き方のほうがよくわかるとして好む人もいる。いつ終わるともしれない冗長な文体を好む人もいる。

こういった文体についての感性が実際に何の役に立つかというと、速読選択の際に使えるのだ。つまり、ある本が自分にとって読むべきものであるかどうかを、文体から判断するわけである。その所要時間はほんの数秒だ。

こうしないと、たくさんある本の中から今の自分に必要な本や資料が選べない。そういう意味では、ネットで検索した本の中身の文章が数ページほどディスプレイ上で読めるサービスはとても便利といえよう。もちろん、それでもなお購入してあてがはずれる場合も少なくはないのだが。

## そもそも、その本を読む必要はあるのか？

訓練すれば一冊の本が数分で読めるようになる速読法があるのだという。その方法を用いれば、見開き二ページ分の内容を数秒で理解するというのだ。

とはいっても、その方法で読める本はどんなものか。内容のごく単純な現代のビジネス書やノウハウ書のたぐいでしかないだろう。

つまり、大雑把に目を通すだけでだいたいの内容がわかり、主張がとても簡単なため、文章の水増しでページを増やしたような本だけに効果があるのだ。

「見開き二ページ数秒」といった方法でヴィトゲンシュタインの七十ページ程度しかない『論理哲学論考』や分厚い『哲学探究』はてんで理解できないはずだ。

そんな哲学書でなくとも、ゲーテの『ファウスト』やドストエフスキーの『カラマーゾフの兄弟』やフランクルの『夜と霧』や、物議をかもしたナボコフの『ロリータ』すらも読めないだろう。

だとしたら、その速読法はまるで実用性がないということになる。なにしろ、ざっとページをめくってみて内容がおおかたわかるような本にしか効果がないのだから。

そもそも、その程度でおおよその内容がわかる本を読んでも時間の無駄であろう。

## 必要な資料を速く読む、シンプルで簡単な方法

では、速読法といったものはありえないのか。いや、速読法はある。そして一握りの人がそれを使って数秒で本を選別したり、仕事の資料を読んだりしている。

しかしながら、この速読法にノウハウはない。ノウハウはないが、どうすればそのように速く読めるようになるかは説明することができる。

それは本をじっくり、かつ、たくさん読んできた人だからこそ、速読することが自然に可能になったのである。プロの物書きは誰もがこうして速読できるようになった

のだ。

ただし、その場合であっても、本のすべての文章記述を尋常ではないスピードで読みおおせるということではない。

まず目を走らせる場所は、ページの中で視覚的に黒ずんでいる箇所、日本語の本でいえば漢字の部分だ。特に中でも重要なのは、その本の主題に関係する用語や術語だ。それらが頻出しているページは論の密度が濃くなっているということだから、その部分を拾うだけでもおおかたの内容を察することができる。

その場合でも、文字を読んでいるわけではない。あたかも交通標識の意味がすぐわかるように、形が目に映った瞬間に意味をとっているだけだ。これが可能になるのは漢字が表意文字だからだ。もし文章のほとんどが表音文字のひらがなで書かれていたとしたら、こういう意味の把握方法は不可能になる。

ちなみに、現代外国語の多くは表音文字ではあるが、たとえばドイツ語の場合は英語と異なって術語などの名詞がすべて大文字で始まる規則のために、それを一種の表意文字のようにとらえての速読が可能になる。

その他に、論のありきたりな展開、冗長に書かれているだけの文章、あるいは決まり文句の連なり、文体もヒネリも深みも欠落した文章といったところを飛ばすことで、全体の所要時間として速読といえるのだ。

そんな人でも、これまでになかった新しい思想、深い思索や洞察から生まれた論の展開などは速読で理解することはほぼできない。そういう箇所は考えながらじっくりと読むしかない。

このように、物書きの速読とは、書物の記述内容の濃淡をあらかじめ敏感に察したうえで要領よく読む場所を見きわめているから、総体的にずっと少ない時間で理解することを指すわけだ。

## 養老孟司氏の速読法

もちろん物書きに限らず、多くの読書によって自然に速読できるようになった人々は、多くの知識とさまざまな論の展開のパターン、内容の歴史的新旧、文体によって決まってくる重点箇所の場所の見当などを経験として自分の内にたくわえている。

彼らはそれを便利なスケールのように書物の文章にあてがうことで、ふつうの人よりも速読できるだけなのだ。これは、ヴェテランの技術者がたった一瞥《いちべつ》で道具のよしあしがわかるのと同じようなものだ。

だから、この自然速読を身につけた人は当然のことながら、手にした本をちょっとめくっただけで自分が読むべき本かどうか、すぐに判別ができてしまう。あるいはまた、今はその本のどの部分を読めばいいのかもわかる。そのような判断に数十秒から数分程度しか要さないのだ。

横須賀線の電車に乗っている一時間で文庫本一冊を読んでいたという養老孟司氏は『バカにならない読書術』の中でこんなふうに明かしている。

　速く読めるのは、飛ばし読みするからです。どこを飛ばすか。さっと目を滑らしていて、そこに違和感のある文字が飛び込んでこない限りは、飛ばすのです。つまり、引っかかるところだけを読むのです。

それは読んでいて、「おっ」と思うところです。自分の頭で追えないようなことが出てくれば気がつくから、そこは読むわけです。「ああ、そういうことか」と思ってまた次に進む。

だって、引っかからないところは自分がわかっているところだから。だから飛ばしていいわけです。

このような飛ばし読みができるのは、やはり自分の中に知識の豊富なストックがあってこそのことだ。読書を始めたばかりの人はこんなことはできない。時間をかけ、一字ずつ追ったり、一つの文章を幾度もくり返すような読み方をしなければ理解できない。

しかし、そういう亀の歩みのような読書を重ねることによってのみ、速読を可能にする知識や理解の層が厚くなっていくのである。したがって、本物の速読のノウハウの第一歩は、じっくりと多くの本を読むことなのだ。

# おわりに　読書法が変われば、人生が変わる

本を読む時間をどうやって確保しようと考えたりしている人は、おそらくいつまで経っても本を読まないだろう。本を読みたい人はすぐさま読むだけだからだ。そういう人はことさら読書の時間について考えたりしない。空腹を感じたら何か口に入れるのと同じだろう。

いつどういうスタイルで本を読むかなど、まさに人それぞれでしかない。飛行機のシートでずっと読み続けることができる人もいるし、わたしのように機内では本を腿《もも》の上に置いたまま音楽を聴いて、そのうち寝入ってしまうことしかできない人もいる。

本を読む時間がないと嘆く人はたぶん気持ちが落ち着いていることがはなはだ少な

いのだろう。

心が乱れていれば、本を読むことは誰にとっても難しい。

感情が激しく動いている状態、何かが気になって仕方がない状態、すべきことを残している状態、心に重いものを抱えている状態、欲望をもてあましている状態のとき、本を読んでもまともに理解できなくなる。

裏返せば、読書できるということは心身ともに安定しているということだ。戦争に抗《あらが》うために美や豊かさを積極的に題材にしていた画家ルノワールは読書する少女や男女をしばしば描いているが、そのどの絵も穏やかな静謐《せいひつ》さに包まれている。そんなふうに切迫も争いも欲得もない状態でのみ読書が可能なのだ。

だから、読書の時間をどうにかしてひねり出す必要などない。自分が本を読める状態であれば、いつだって読むことができるわけだ。


これまで何かに充てていた時間を切り詰めて読書に向けようという考え方はおかしい。なぜならば、それは時間を量として考えることだからだ。時間は量なのだろうか。人の内面は量によって満たされたり欠乏したりするわけではない。

しかし、自分の気持ちをいらだたせたり興奮させたりするような悪癖が習慣になっているならば、その習慣を棄てることが必要になるだろう。

すると、乱れた気持ちを引きずらないわけだから、時間はとても豊かになる。読書ばかりではなく、他の事柄をまっとうする時間も増えるだろう。そういう状態で本を読めば、今までになく理解も深くなるはずだ。

しかし、もし何かを書物から得ようとする気持ちがあるならば、読書は実りの少ないものになる。なぜならば、何らかの獲得を目指すような卑しい気持ちが心を平穏にしないからだ。心が平穏でなければわからないことが書かれているのが本だ。そこを読むのが読書というものだ。

要するに、もっとも効率のいい読書をしたいのなら、まずしなければならないことは時間の捻出などではなく、心を穏やかにすることだ。自分の心を穏やかにしてはじめて十全になされるのは何も読書だけではない。スポーツ、武道、仕事など多くの事柄にも通じるのである。

「深読《ふかよ》み」読書術《どくしょじゅつ》

著　者——白取春彦（しらとり・はるひこ）

発行者——押鐘太陽

発行所——株式会社三笠書房

〒102-0072 東京都千代田区飯田橋3-3-1
電話：(03)5226-5734（営業部）
　　：(03)5226-5731（編集部）
http://www.mikasashobo.co.jp

印　刷——誠宏印刷

製　本——若林製本工場

編集責任者　本田裕子
ISBN978-4-8379-2571-2 C0030